なにがでるかな？
わくわくシール

ばりひょうに
らう。
が　でて　くるよ。

うらない

べんきょうを
がんばれるよ！

あたらしい
はっけんが　あるよ！

げんき　いっぱいに
なるよ！

たのしい　ことが
おこるよ！

すてきな　ゆめが
みられるかも！

？　でた　もじを　つなげると
ぶんしょうに　なるよ！

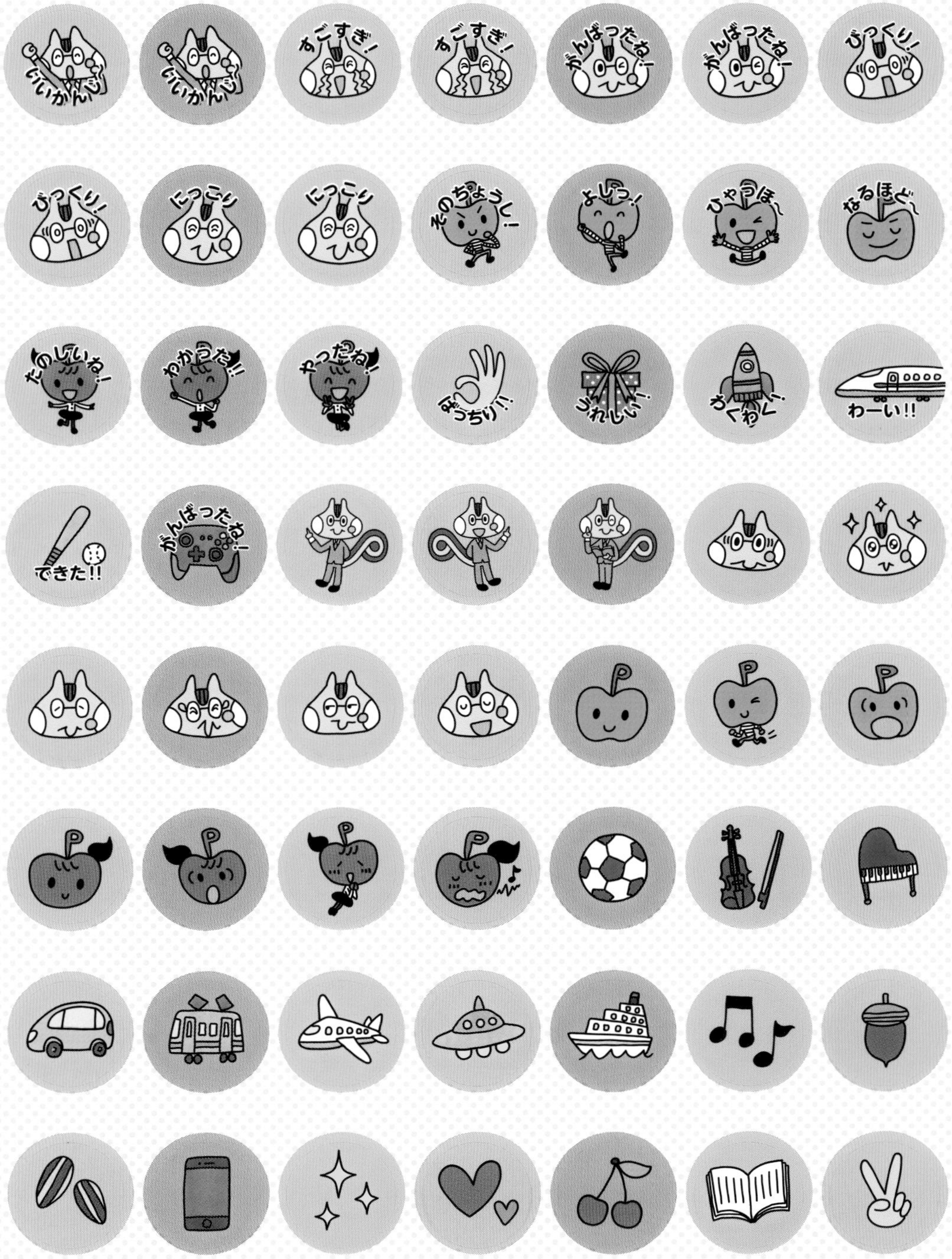

1。せんを じょうずに かこう

おうちの方へ
姿勢や鉛筆（えんぴつ）の持ち方を正しく保ち、鉛筆を自由に動かせるようにしましょう。

こたえ 83ページ

がつ　にち

☆ えんぴつで、┅┅（せん）を こく なぞりましょう。

← うらのページにつづくよ！

えんぴつで、┆(せん)を　こく　なぞって、えを　かんせいさせましょう。

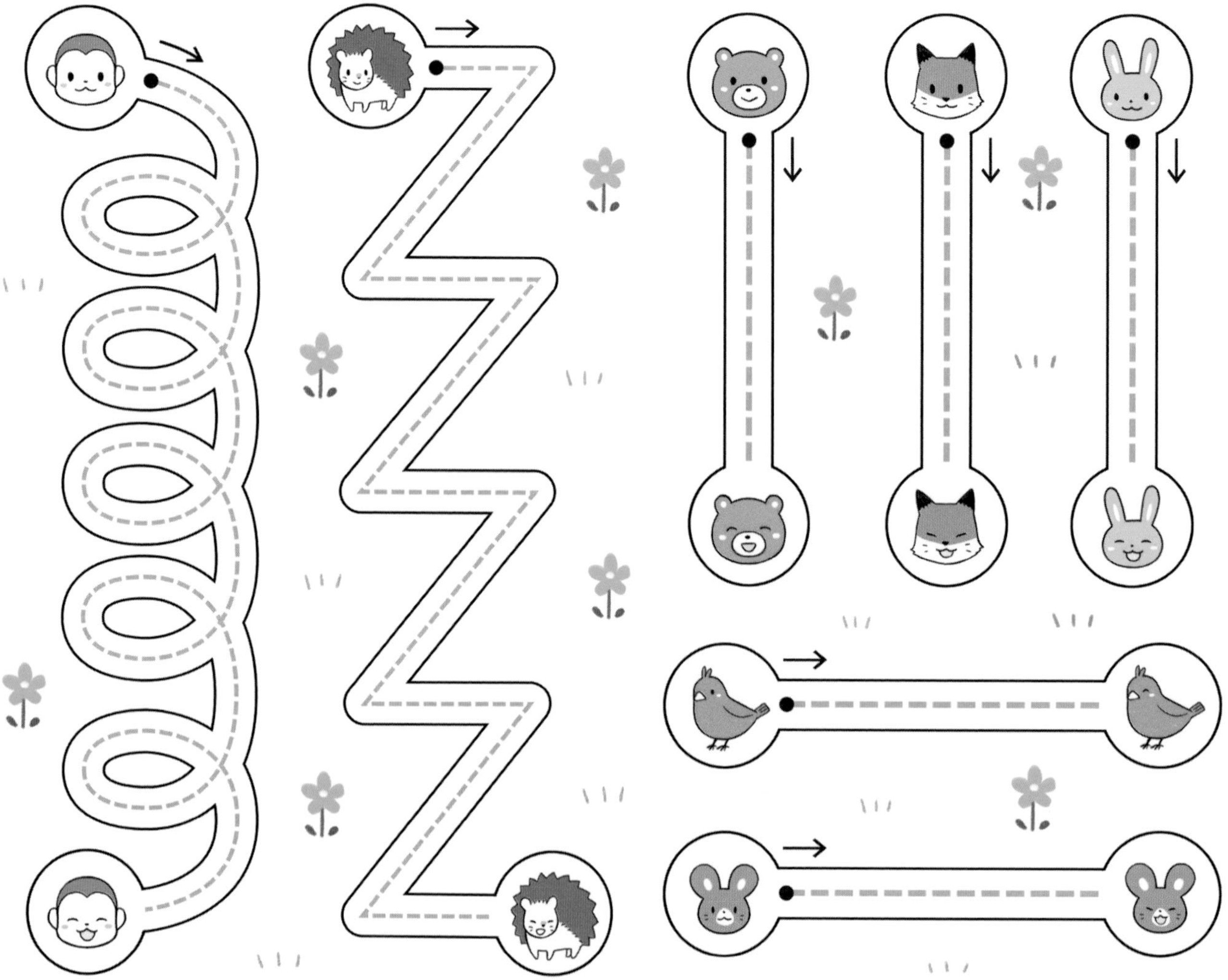

きほんのドリル 2。

はるが　きた

がつ　にち

おうちの方へ

いよいよ国語の学習のスタートです。身近なものの名前を確認しましょう。

サクッとこたえあわせ

こたえ 83ページ

☆ はるの　のはらで　みえた　ものの　なまえを　いいましょう。

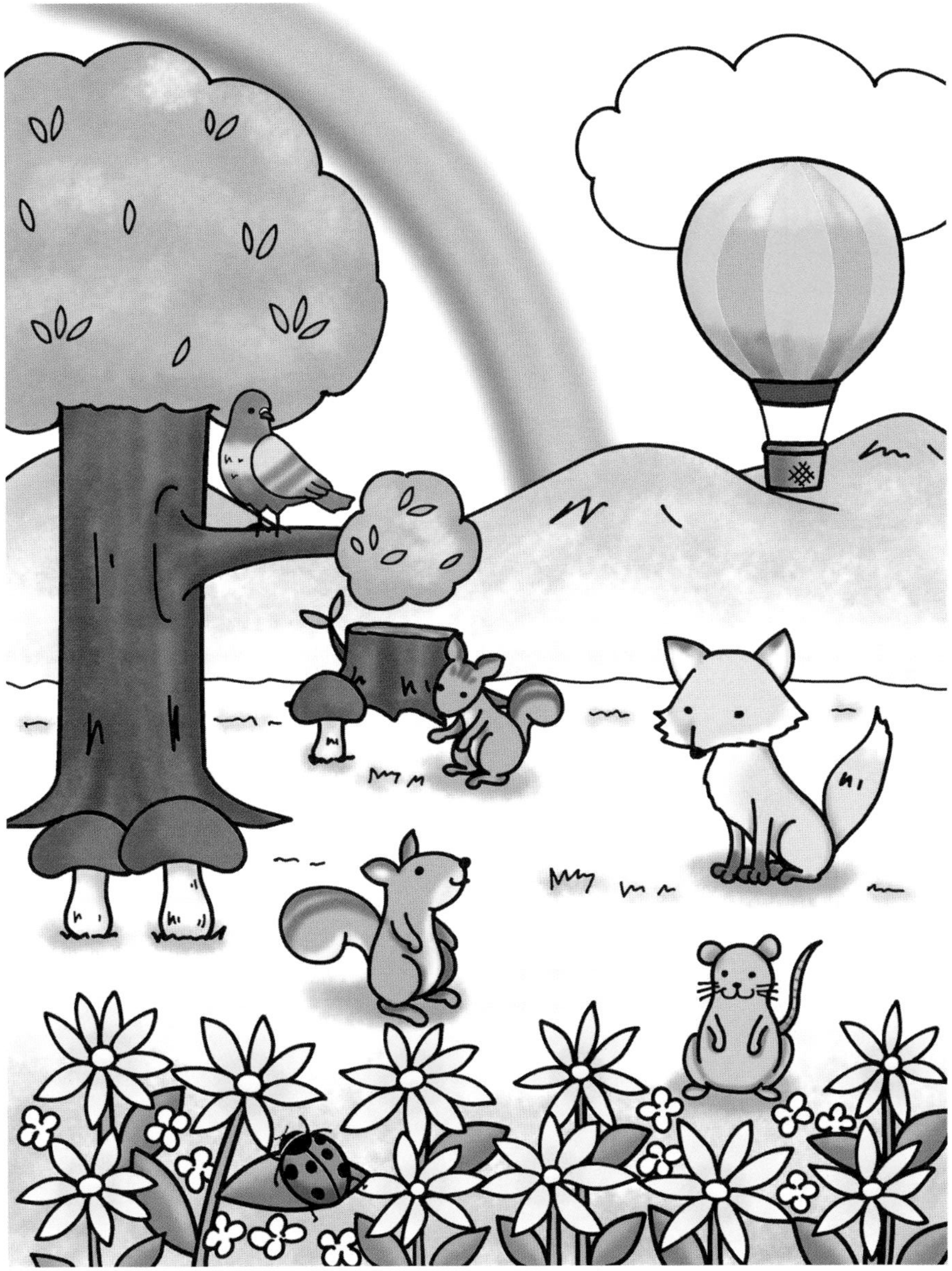

☆ こえに　だして　よんで　みましょう。

さあ　はじめよう

きょうかしょ 上1～9ページ

きほんのドリル 3。

おはなし　ききたいな
なんて　いおうかな

おうちの方へ
読んだ本や、日常生活の中でのあいさつの言葉について確認（かくにん）しましょう。

こたえ 84ページ

サクッとこたえあわせ

がつ　　にち

◎おはなし　ききたいな

★つぎの　さんさつの　なかで、じぶんで　よんだり、だれかに　よんで　もらったり　した　ことの　ある　ほんに　○（まる）を　つけましょう。

『一（いち）ねんせいに　なったら』……（　　）

『ぐりと　ぐら』…………………（　　）

『おおかみと　七（しち）ひきの　こやぎ』………（　　）

◎なんて　いおうかな

★えに　あう　あいさつや　ことばを　いって　みましょう。

きほんのドリル 4。 かく こと たのしいな

がつ　にち

おうちの方へ
鉛筆（えんぴつ）を正しく持ってしっかり書き、ひらがなの練習を始めましょう。

サクッと こたえ あわせ
こたえ 84ページ

☆ えんぴつで、せん（┅）を こく なぞりましょう。

ひらがなの れんしゅう

く　つ

きょうかしょ 上 14～15ページ

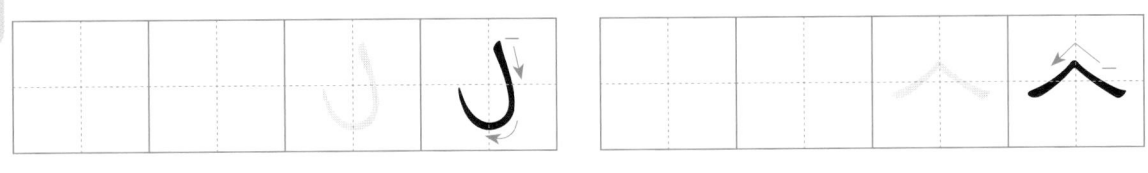

きほんのドリル

5。どうぞ　よろしく　こんな　もの　みつけたよ

おうちの方へ　学年と自分の名前を書けるようにします。見つけたものについても確認しましょう。

こたえ 84ページ

サクッと こたえあわせ

がつ　にち

◉どうぞ　よろしく

★ あなたの　がくねんと　なまえを　かきましょう。

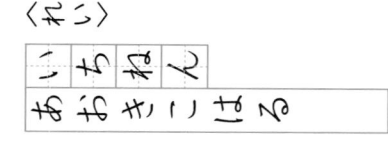

いち	ねん

〈れい〉

い	ち	ね	ん
あ	お	き	こ	は	る

こんな　ふうに　かこう。

◉こんな　もの　みつけたよ

★ つぎの　たいいくかんで　みつけた　ものの　なまえを　いいましょう。みつけた　ときの　きもちも　いいましょう。

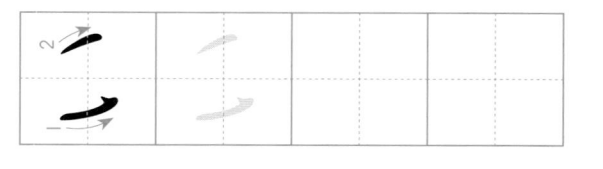

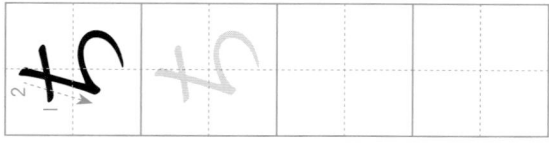

✎ ひらがなの　れんしゅう

い　い

ち　ち

きほんのドリル 6 うたに あわせて あいうえお こえに だして よもう

がつ　にち

おうちの方へ
書き順に注意して、文字をていねいに書きましょう。詩の音読もしましょう。

サクッと こたえ あわせ　こたえ 84ページ

◎うたに あわせて あいうえお

★ ていねいに なぞってから、こえに だして よみましょう。

あ い う え お

◎こえに だして よもう

★ こえに だして よんで、もんだいに こたえましょう。

教上 24ページ1ぎょう～25ページ6ぎょう

あさの おひさま
かんざわ としこ

あさの おひさま
おおきいな
のっこり うみから
おきだした

あさの おひさま
あかい かお
ざぶんと うみで
あらったよ

(1) 「あさの おひさま」は どこから おきだしましたか。あてはまる ことばを かきましょう。

［　　］から おきだした。

(2) 「あさの おひさま」は なにいろの かおを して いますか。あてはまる ことばを かきましょう。

［　　］かお。

✎ ひらがなの れんしゅう

あ　あ

お　お

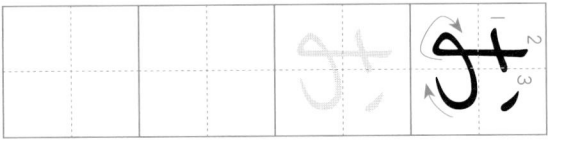

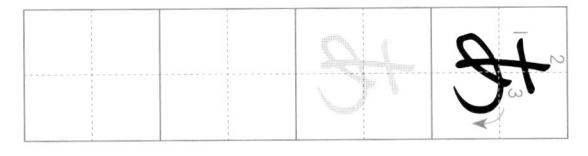

きょうかしょ 上20～25ページ

きほんのドリル

7。よく きいて、はなそう ことばを さがそう

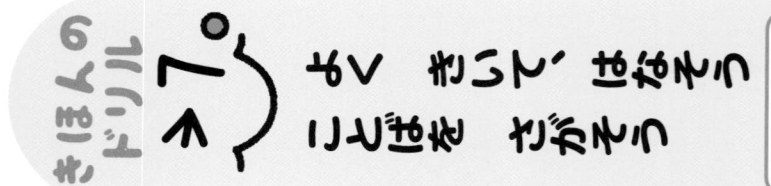

おうちの方へ
友達に好きな遊びを聞いて、みんなに知らせることができるようにしましょう。

こたえ 84ページ

サクッとこたえあわせ

がつ　にち

◉よく きいて、はなそう

★ ともだちに すきな あそびを ききます。しつもんの こたえと して、あう ものを ―― せん で むすびましょう。

① すきな あそびは なんですか。　・　　・ あ おひるやすみに します。

② どこで しますか。　・　　・ い かくれんぼです。

③ いつ しますか。　・　　・ う こうていで します。

◉ことばを さがそう

★ あ・い・う・え・お で はじまる えの なまえを いいましょう。

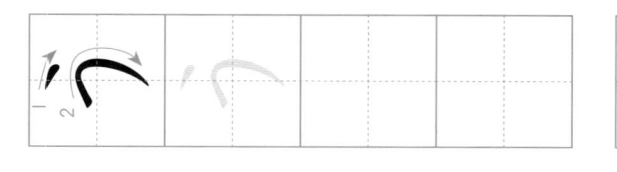

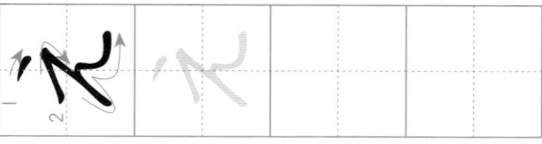

あ

い
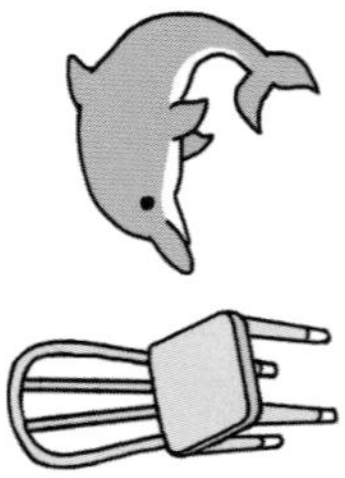

う

え

お
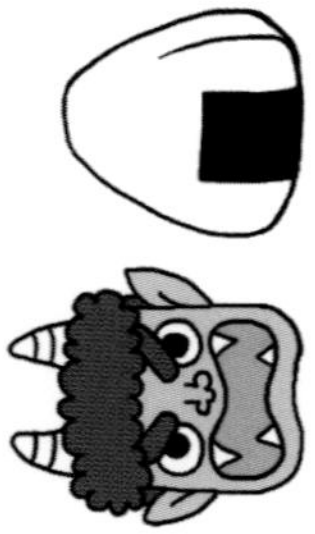

✎ ひらがなの れんしゅう

う　う

え　え

きほんのドリル 8。 はなの　みち

サクッと こたえあわせ
こたえ 85ページ

がつ　にち

☆ こえに　だして　よんで、もんだいに　こたえましょう。

教 上 30ページ1ぎょう～32ページ4ぎょう

くまさんが、
ふくろを　みつけました。
「おや、なにかな。
　いっぱい
　はいって　いる。」

くまさんが、
ともだちの
りすさんに、
ききに　いきました。

〈おか　のぶこ「はなの　みち」より〉

(1) くまさんは、なにを
みつけましたか。

(2) 「　」の　ところは、だれが　いった　ことばですか。

(3) くまさんは、だれに
ききに　いきましたか。
ともだちの

ひらがなの　れんしゅう

さ

か

きょうかしょ 上 30～37ページ

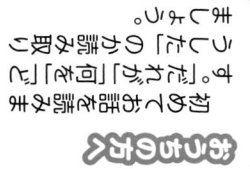

きほんの ドリル

9。としょかんへ いこう かきと かぎ

おうちの方へ
ひらがなで濁点(だくてん)がつく文字を学習します。音の変化を楽しみましょう。

こたえ 85ページ

サクッと こたえ あわせ

がつ にち

◉としょかんへ いこう

☆ としょかんは、どんな ところですか。あう ものに ふたつ ○(まる)を つけましょう。

あ（　　）おおきな こえで ともだちと はなす ところ。
い（　　）ほんが たくさん ある ところ。
う（　　）ほんを らんぼうに めくって よむ ところ。
え（　　）ほんを たのしむ ところ。

◉かきと かぎ

☆ うえの ことばに ゛を ひとつ つけて、したの えの ことばを かきましょう。

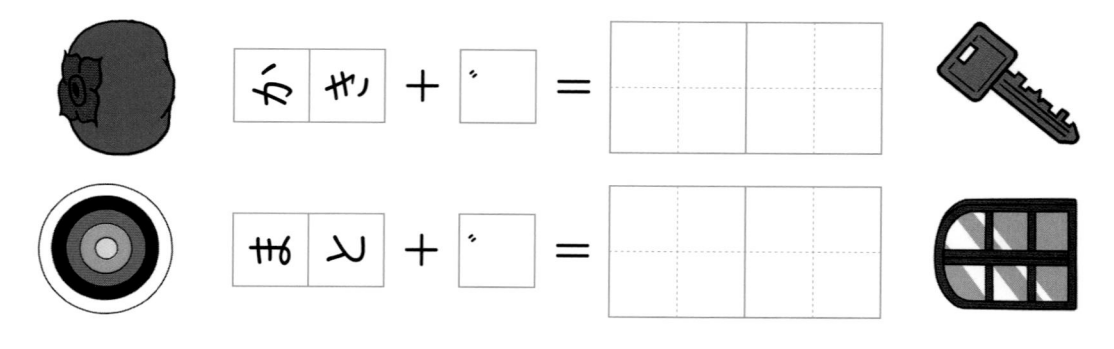

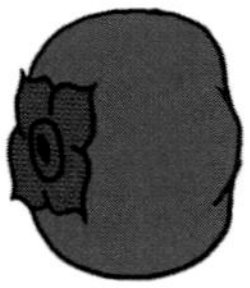 か き ＋ ゛ ＝ □□ 

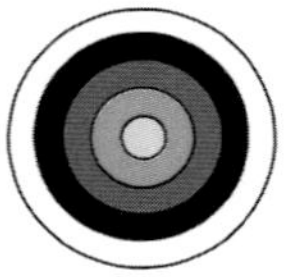 ま と ＋ ゛ ＝ □□ 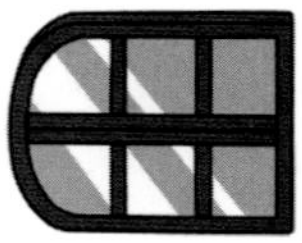

ひらがなの れんしゅう

ぎ ぎ

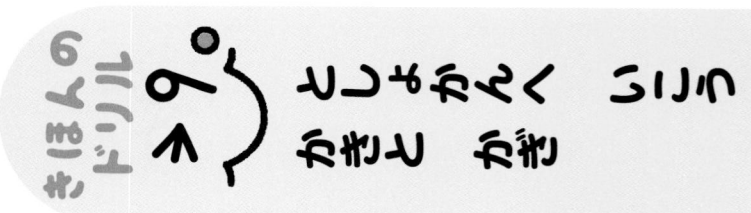

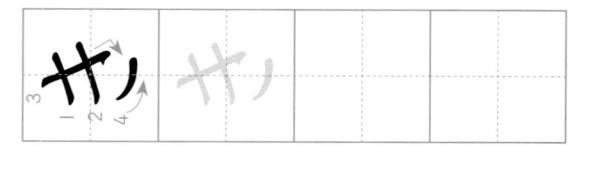

ぶ ぶ

きほんのドリル 10。

ぶんを　つくろう

おうちの方へ
「だれが」「どうした」に注意して、短い文をつくってみましょう。

サクッとこたえあわせ
こたえ 85ページ

がつ　にち

★ えに　あうように　——（せん）で　むすびましょう。

① きつねが・　　・㋐ およぐ。
② さかなが・　　・㋑ たべる。
③ くまが・　　・㋒ はしる。

★ ぶんを　かきましょう。

ひまわりがさく。
からすはとぶ。
へび　ねる。

ひらがなの　れんしゅう

ぬ　ぬ

わ　わ

うすい　じを
こく
なぞりましょう。

きょうかしょ 上 42～43ページ

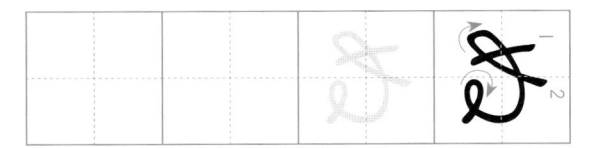

きほんのドリル 11。

ねこと ねっこ

がつ　にち

★ ちいさい「っ」を いれて、べつの ことばを つくりましょう。できたら よんで みましょう。

ね こ

↓
ね□こ

まくら

↓
ま□くら

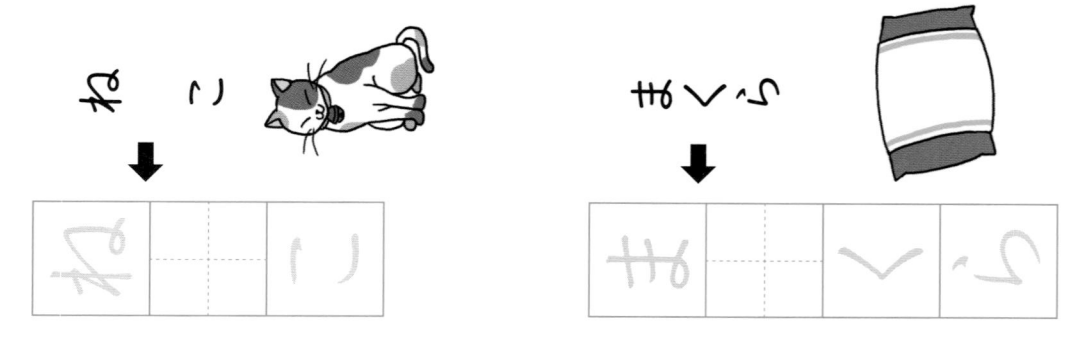

★ えに あう「っ」の つく ことばを かきましょう。

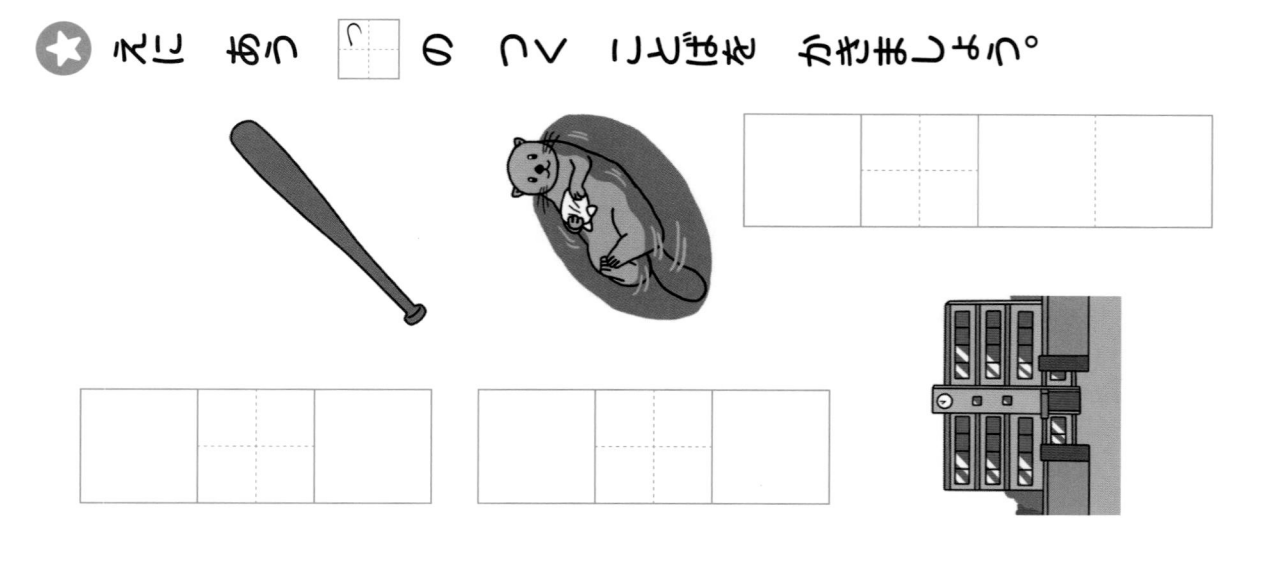

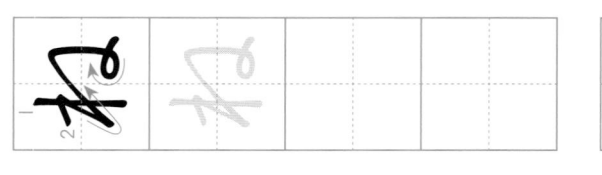

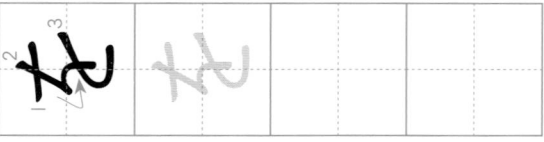

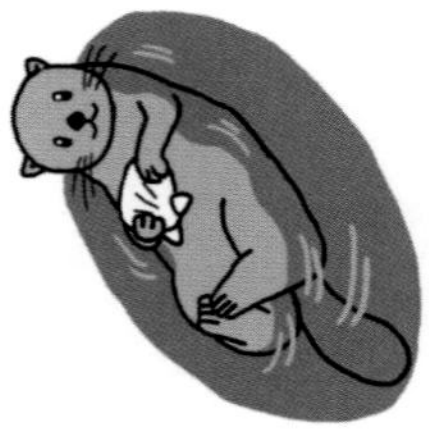

✎ ひらがなの れんしゅう

ね　ね

を　を

きょうかしょ 上 4・5ページ

きほんのドリル 12. わけを　はなそう

こたえ 85ページ

がつ　にち

おうちの方へ
理由を説明するときの言い方の学習です。わかりやすく話すことが大切です。

サクッとこたえあわせ

☆ つぎの　どうぶつを　みたい　わけを、——(せん)で　むすびましょう。

(1)

きりんが
みたいです。

(2)

ぱんだが
みたいです。

Ⓐ 「どうしてかというと、ささを　たべるからです。」

Ⓘ 「どうしてかというと、くびが　ながいからです。」

✎ ひらがなの　れんしゅう

も　も

み　み

きょうかしょ 上 46〜47ページ

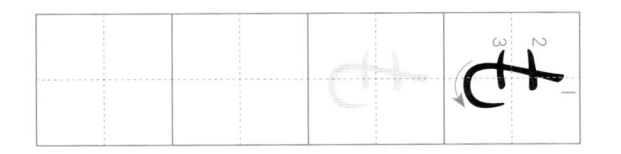

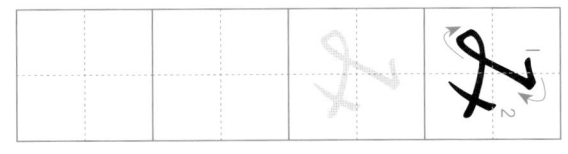

きほんのドリル 13。

おばさんと　おばあさん

おうちの方へ
のばす音について、「え」と「い」、「う」と「お」の使い分けに注意しましょう。

サクッとこたえあわせ

こたえ 86ページ

がつ　にち

☆ のばす　じを　いれて、べつの　ことばを　つくりましょう。

く　き

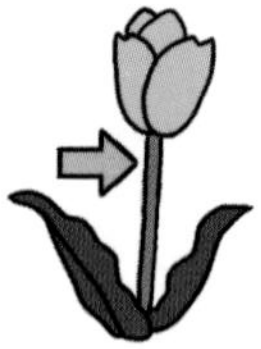

⇦ く | き

おばさん

⇦ お | ば | | さ | ん

☆ かぞくの　よびなを　かきましょう。

お | と | | さ | ん

お | か | | さ | ん

お | ね | | さ | ん

お | と | | と

のばす
おとに
ちゅういしましょう。

い | も | | と

✎ ひらがなの　れんしゅう

ほ　ほ

そ　そ

あいうえおで　あそぼう

がつ　にち

サクッと こたえあわせ
こたえ 86ページ

おうちの方へ
ひらがなが全部出てきます。苦手な字がないか、確認しておきましょう。

☆ こえに　だして　よんで、もんだいに　こたえましょう。

教 上 50ページ1ぎょう～51ページ6ぎょう

あいうえおで　あそぼう

なかがわ　ひろたか

あやとり　いすとり　あいうえお
かきの　み　くわの　み　かきくけこ
さんかく　しかく　さしすせそ
たこいと　つりいと　たちつてと
なのはな　のの　はな　なにぬねの
はるの　ひ　ふゆの　ひ　はひふへほ
まつむし　みのむし　まみむめも
やかん　ようかん　やいゆえよ
らんらん　るんるん　らりるれろ
わくわく　わいわい　わいうえを
ん

(1) しの　なかから　「つ」で　はじまる　ことばを　さがして　かきましょう。

(2) しの　なかから　「み」で　はじまる　ことばを　さがして　かきましょう。

(3) しの　なかから　「や」で　はじまる　ことばを　さがして　かきましょう。

ひらがなの　れんしゅう

な　な

む　む

きょうかしょ 上 50～53ページ

← うらのページに つづくよ！

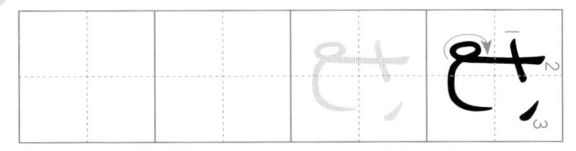

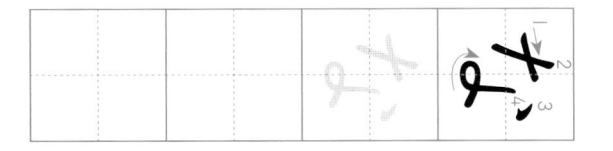

☆ したの　ひらがなの　ひょうの　ぬけて　いる　ところに　ひらがなを　かきましょう。

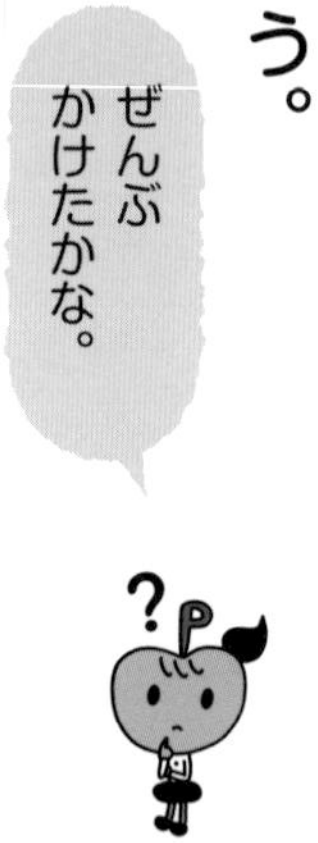

☆「あいうえお」から「ん」まで、ひょうを　うえから　したへ　たてに　よみましょう。

☆「あかさたなはまやらわ」の　ように、ひょうを　みぎから　ひだりへ　よこに　よみましょう。

☆ つぎの　——せんの　じを　ひらがなの　ひょうの　なかから　さがして、○（まる）を　つけましょう。

あ	か	さ	た	な	は	ま	や〈れい〉	ら	わ	ん
い							(い)		(い)	
う									(う)	
え							(え)		(え)	
お										

〈れい〉

やま

めだか

さいふ

ひとで

つばめ

15。つぼみ

おうちの方へ
説明文を読みます。何について書かれているのかしっかり読み取りましょう。

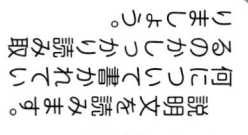

サクッとこたえあわせ
こたえ 86ページ

がつ　にち

☆ こえに　だして　よんで、もんだいに　こたえましょう。

教上 55ページ1ぎょう～56ページ9ぎょう

さきが　ねじれた
つぼみです。
これは、
なんの　つぼみでしょう。

これは、あさがおの
つぼみです。
ねじれた　ところが
ほどけて、
だんだんと　ひろがって
いきます。
そして、まるい　はなが
さきます。

〈かわきた　あつし「つぼみ」より〉

(1) ここに　でてくるのは、どんな　つぼみですか。

さきが
□□□□
つぼみ。

(2) 「これ」は　なんの　つぼみですか。

□□□□
の　つぼみ。

(3) どんな　はなが　さきますか。

□□□
はな。

ひらがなの　れんしゅう

る　る

せ　せ

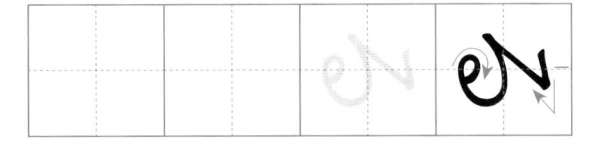

きょうかしょ 上54～61ページ

きほんのドリル 16。

おもちゃと　おもちゃ

おうちの方へ
小さい「ゃ」「ゅ」「ょ」の学習です。書く位置にも注意しましょう。

こたえ 86ページ

サクッとこたえあわせ

がつ　にち

★ □に　ちいさな　ゃ・ゅ・ょ　を　いれて、べつの　ことばを　つくりましょう。

おもちや

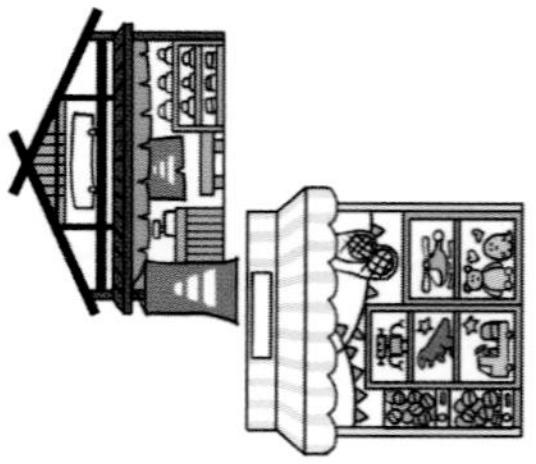

⇩

おもち□

びよういん

⇩

び□ういん

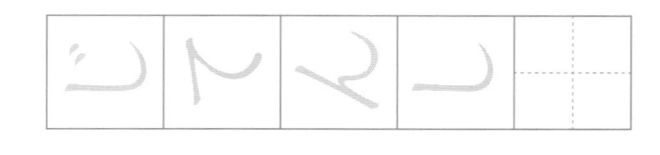

★ えに　あうように、□に　ちいさな　ゃ・ゅ・ょ　を　かきましょう。

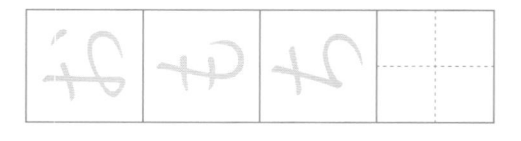

じてんし□

き□うりゅう

ひらがなの　れんしゅう

や　や

ゆ　ゆ

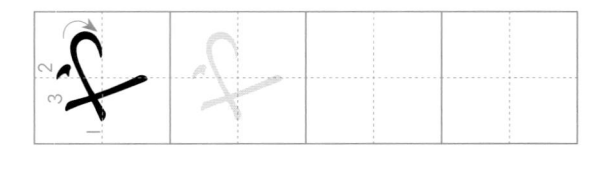

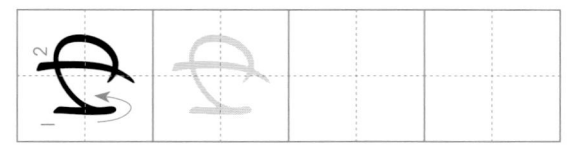

2、3ページ

きほんのドリル 17。 おおきく なった / おおきな かぶ

じかん 15ふん
ごうかく80てん　／100
サクッと こたえ あわせ
こたえ 86ページ
がつ　にち

◉おおきく　なった

1 （　）に　あてはまる　ことばを、［　］から　えらんで、きごうを　かきましょう。　10てん（ひとつ5）

① はっぱを　さわると、（　　）。
② つぼみの　かたちは、（　　）。

㋐ とがって　いる
㋑ ちくちく　する

2 □に、[う]・[お]の　どちらか　あてはまる　じを　えらんで、かきましょう。　15てん（ひとつ5）

① おと□さんと、さんぽに　いく。
② お□きさは、おなじくらい。
③ おと□とと、なかよく　あそぶ。

◉おおきな　かぶ

3 「おおきな　かぶ」に　でて　くる　どうぶつの　なまえを　かきましょう。　30てん（ひとつ10）

①  □□
②  □□
③  □□□

「゛」を　つけるのを　わすれないようにね。

うらのページにつづくよ！

きょうかしょ 上64〜77ページ

4 つぎの　ぶんしょうを　よんで、もんだいに　こたえましょう。

教上 66ページ1ぎょう〜67ページ9ぎょう

おじいさんが、かぶの
たねを　まきました。
「あまい　あまい　かぶに
なれ。おおきな　おおきな
かぶに　なれ。」

あまい　あまい、
おおきな　おおきな
かぶに　なりました。

おじいさんは、かぶを
ぬこうと　しました。
「うんとこしょ、
どっこいしょ。」
けれども、かぶは
ぬけません。

〈ロシアの　みんわ／さいごう　たけひこ　やく「おおきな　かぶ」より〉

(1) おじいさんは、なにを　まきましたか。（10てん）

かぶの［　　］。

(2) おじいさんが、いった　ことばに、すべて　――（せん）を　ひきましょう。（ぜんぶできて15てん）

(3) どんな　かぶが　できましたか。あう　ものに　すべて　○（まる）を　つけましょう。（10てん）

あ（　）とても　あまい。
い（　）とても　にがい。
う（　）ちいさい。
え（　）かわいい。
お（　）とても　おおきい。

(4) おじいさんは　かぶを　どう　しようと　しましたか。（10てん）

［　　　］と　した。

ヒント 4(2) ひとが　いった　ことばには　「　」が　ついて　いるよ。

まとめのドリル 18。 おおきく なった／おおきな かぶ

じかん 20ぷん
ごうかく 80てん
／100

サクッと こたえあわせ
こたえ 87ページ

がつ　にち

◉おおきく なった

1 えの くだものを みて、うえと したの ことばが つながるように、せん（——）で むすびましょう。 25てん（ひとつ5）

① いろは ・
② においは ・
③ かたちは ・
④ おもさは ・
⑤ さわった かんじは ・

・あ つるっと して いる。
・い ずっしり して いる。
・う あまずっぱい。
・え あかい。
・お まるい。

◉おおきな かぶ

2 きょうかしょの 「おおきな かぶ」の おはなしを よんで、おはなしの じゅんに ○（まる）に ばんごうを かきましょう。 ぜんぶできて25てん

うらのページに つづくよ！

きょうかしょ 上 64〜77ページ

3 つぎの　ぶんしょうを　よんで、もんだいに　こたえましょう。

教上72ページ8ぎょう～74ページ5ぎょう

ねこは、ねずみを
よんで　きました。
かぶを
おじいさんが　ひっぱって、
おじいさんを
おばあさんが　ひっぱって、
おばあさんを
まごが　ひっぱって、
まごを
いぬが　ひっぱって、
いぬを
ねこが　ひっぱって、
ねこを
ねずみが　ひっぱって、
「うんとこしょ、
どっこいしょ。」
とうとう、
かぶは　ぬけました。

〈ロシアの　みんわ／さいごう　たけひこ　やく「おおきな　かぶ」より〉

(1) かぶを　ひっぱった　じゅんに、なまえを　かきましょう。　30てん(ひとつ5)

(2) 「やっと」と　いう　いみの　ことばに、——(せん)を　ひきましょう。　10てん

(3) さいごに　かぶは　どう　なりましたか。　10てん

(　　　　　　)

ヒント 3(1) ぶんしょうを　よく　よんで　じゅんばんどおりに　かこう。

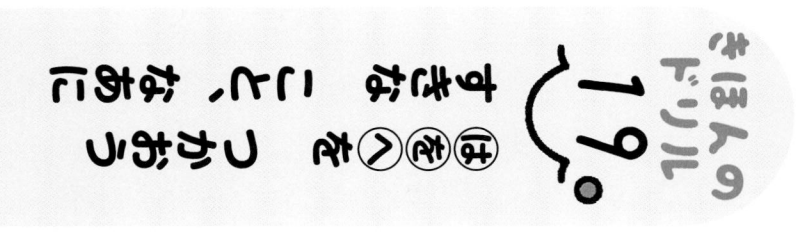

きほんのドリル 19。 はをへを　つかおう　すきな　こと、なあに

じかん 15ふん　ごうかく80てん　/100

サクッと こたえあわせ　こたえ 87ページ

がつ　にち

◉はをへを　つかおう

1 つぎの　ぶんの　ただしい　ほうに　○（まる）を　つけましょう。　30てん(ひとつ6)

①
あ（　）がっこうへ　いく。
い（　）がっこうえ　いく。

②
あ（　）あれわ、ねこです。
い（　）あれは、ねこです。

③
あ（　）あさ、かおお　あらう。
い（　）あさ、かおを　あらう。

④
あ（　）まえへ　すすむ。
い（　）まええ　すすむ。

⑤
あ（　）ぼくは、いぬの　さんぽお　する。
い（　）ぼくは、いぬの　さんぽを　する。

おなじ　よみかたでも
つかいかたが
ちがいますね。

2 □に　はをへ　の　なかから　あてはまる　じを　えらんで、かきましょう。　30てん(ひとつ5)

① わたし□、ほん□　よむ。

② ぼく□、こうえん□　いく。

③ おかあさん□、あかちゃん□　だっこする。

きょうかしょ 上78～83ページ

うらのページにつづくよ！

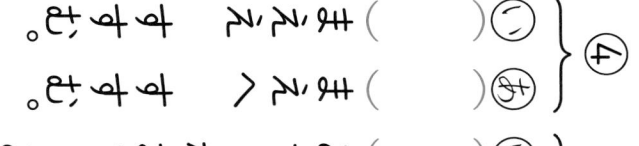

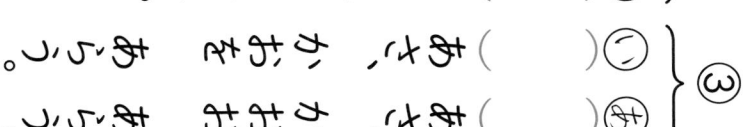

③ えを　みて、どんな　ことが　すきだと　いって　いるのか　かきましょう。 20てん(ひとつ10)

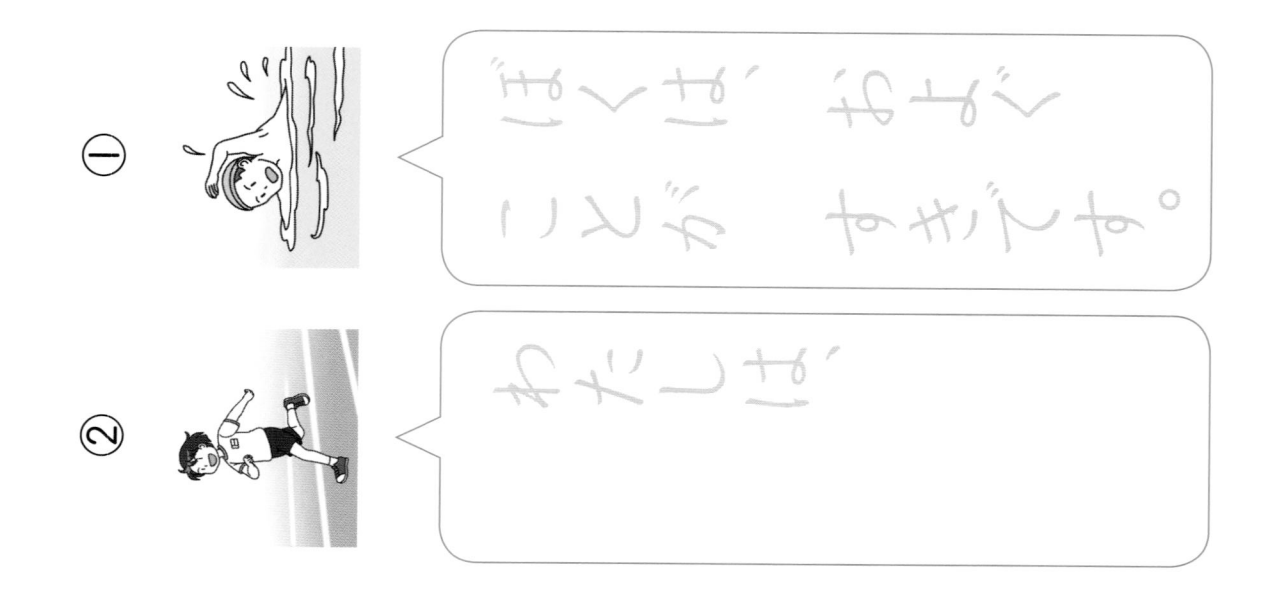

① 

ぼくは、およぐ
ことが　すきです。

② 

わたしは、

④ つぎの　ぶんを、［、］や　［。］に　きを　つけて　かきましょう。 20てん

わたしのすきなことは、うたをうたうことです。おおきなこえでうたうと、きもちがいいからです。

わたしの

ヒント ④ ［、］や　［。］を　かく　ばしょに　きを　つけよう。

まとめのドリル 20

㋩㋾㋬を つかおう すきな こと、なあに

じかん 20ぷん
ごうかく 80てん
/100
サクッと こたえあわせ
こたえ 88ページ
がつ にち

◉はをへを つかおう

1 ただしい ほうの じを ○(まる)で かこみましょう。 40てん(ひとつ5)

① わたし{は／わ}、うみ{え／へ} いきます。

② ごみ{お／を} そと{え／へ} だします。

③ とおく{え／へ} いし{お／を} なげる。

④ ぼく{は／わ}、りょうり{お／を} します。

2 つぎの ぶんの □に、は わ を お へ え の なかから あてはまる じを えらんで かきましょう。 40てん(ひとつ5)

① こう□ん□、さんぽに いく。

② きょうの にっちょく□、□たしだ。

③ ゆでたまごに し□□ かける。

④ わたし□ へやで ほん□ よむ。

きょうかしょ 上 78～83ページ

うらのページにつづくよ！

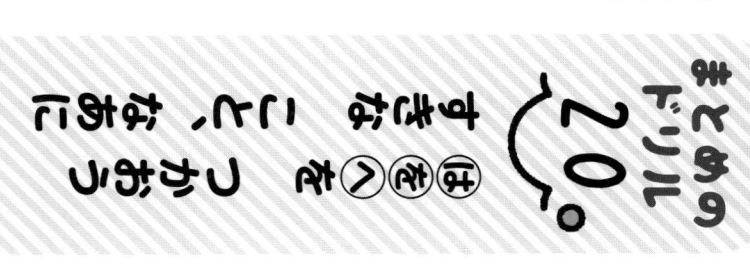

3 じぶんの　すきな　ことを、ともだちに　おしえる　ぶんを　かきましょう。　ぜんぶできて10てん

〈れい〉
［ぼく］は、
［えをかくこと］が、すきです。
［じょうずにかける］と、
［うれしい］からです。

①［　　］は、
②［　　］が、すきです。
③［　　］と、
④［　　］からです。

4 すきな　りゆうを　たずねる　ぶんを　かきましょう。　10てん

〈れい〉ぼくは　ほんを　よむ　ことが　すきです。
（どうして　ほんを　よむ　ことが　すきなのですか。）

・わたしは　たべる　ことが　すきです。

（　　　　）

ヒント　**3**　すきな　りゆうを　かんがえて　かこう。

おむすび ころりん
こんな ことが あったよ
としょかんと なかよし

じかん 15ふん　ごうかく80てん　／100

サクッとこたえあわせ　こたえ 88ページ

がつ　にち

◉おむすび ころりん

1 うえと したの ことばが つながるように、——(せん)で むすびましょう。　15てん(ひとつ5)

① やまの はたけを ・　　・㋐ すべらせた。
② うっかり あしを ・　　・㋑ とびこんだ。
③ ねずみの おうちに ・　　・㋒ たがやした。

◉こんな ことが あったよ

2 （　）に あてはまる ことばを □ から えらんで、きごうを かきましょう。　15てん(ひとつ5)

わたしは、（　）に（　）と（　）に でかけました。

（いつ）（だれ）（なにをし）

㋐ やまのぼり　㋑ おとうさん　㋒ どようび

◉としょかんと なかよし

3 きょうかしょの 94〜95ページを ひらいて、よんで みたい ほんの だいめいを かきましょう。　10てん

（　　　　）

うらのページにつづくよ→

4 つぎの　ぶんしょうを　よんで、もんだいに　こたえましょう。

教上84ページ1ぎょう〜85ページ4ぎょう

おかし　おかしの　はなしだよ。
やまの　はたけを　たがやして、
おなかが　すいた　おじいさん。
そろそろ　おむすび　たべようか。
つつみを　ひろげた　その　とたん、
おむすび　ひとつ　ころがって、
ころころ　ころりん　かけだした。

まて　まて　まてと　おじいさん、
おいかけて　いったら　おむすびは、
はたけの　すみの　あなの　なか、
すっとんとんと　とびこんだ。

〈はそべ　ただし「おむすび　ころりん」より〉

(1)　いつの　おはなしですか。　10てん

（　　　　）

(2)　「つつみ」には、なにが　はいって　いましたか。　10てん

（　　　　）

(3)　「かけだした」のは、なんですか。　10てん

（　　　　）

(4)　おむすびを　「おいかけて　いった」のは、だれですか。　10てん

（　　　　）

(5)　おむすびは、どこに　「とびこんだ」のですか。　20てん

（　　　　）

ヒント　4(3)　つつみを　ひろげた　とたん、かけだした　ものだよ。

まとめのドリル 22。 おむすび ころりん　こんな ことが あったよ　としょかんと なかよし

じかん 20ぷん　ごうかく80てん　/100

こたえ 88ページ

がつ　にち

◉こんな ことが あったよ

1 つぎの ことを つたえる ぶんしょうを かきましょう。

・きのう、ともだちと むしとりに いった こと。
・そこで せみを つかまえた こと。

30てん

◉としょかんと なかよし

2 としょかんで しては いけない ことを ふたつ えらんで、×(ばつ)を つけましょう。

20てん(ひとつ10)

あ(　　)おおきな こえで、ほんを よむ。
い(　　)ほんの ばしょを、かかりの ひとに きく。
う(　　)よみたい ほんを、はしって とりに いく。
え(　　)よんだ ほんを、もとの ばしょに もどす。

きょうかしょ 上84〜95ページ

うらのページにつづくよ。

3 つぎの　ぶんしょうを　よんで、もんだいに　こたえましょう。

📖教上90ページ1ぎょう〜9ぎょう

おれいの　こづちを
てに　もって、
おうちに　かえって
おばあさんと、
おどった　おどった
すっとんとん。
こづちを　ふり　ふり
すっとんとん。
すると　どう　した
ことだろう。
こづちを　ふる　たび、
あれ　あれ　あれ、
しろい　おこめが
ざあらざら。
きんの　こばんが
ざっくざく。

〈はそべ　ただし「おむすび　ころりん」より〉

(1) おじいさんは、なにを　もって　かえりましたか。　10てん

（　　　　）

(2) おじいさんは　だれと　いっしょに　おどりましたか。　10てん

（　　　　）

(3) こづちを　ふると、なにが　でて　きましたか。ふたつ　かきましょう。　20てん(ひとつ10)

・しろい（　　　　）

・きんの（　　　　）

(4) 「あれ　あれ　あれ」と　いった　おじいさんの　きもちに　あう　ほうに　○(まる)を　つけましょう。　10てん

あ（　）わけが　わからないと　おこって　いる。

い（　）びっくりしたけれど　よろこんで　いる。

ヒント　3(4)　おこめや　こばんが　でて　きた　ときの　きもちだよ。

なつやすみの ホームテスト

23. ひらがなの れんしゅう

じかん 20ぷん

ごうかく80てん　／100

こたえ 89ページ

サクッと こたえ あわせ

がつ　にち

1 □の なかに はいる ひらがなを □から えらんで かき、ことばと えを ——(せん)で むすびましょう。

18てん(ひとつ6)

① □□こ　・　・　あ

② せ□□ん　・　・　い

③ □□か　・　・　う

だ　よ　め　っ　ひ　け

2 きょうの ごはんは にくじゃがです。はいって いる やさいの なまえを かきましょう。

18てん(ひとつ6)

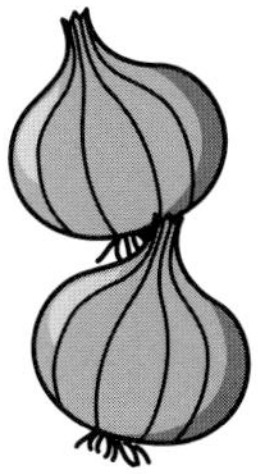

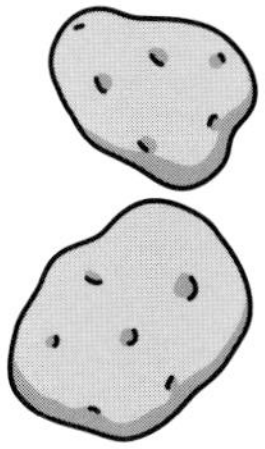

うらのページにつづくよ！

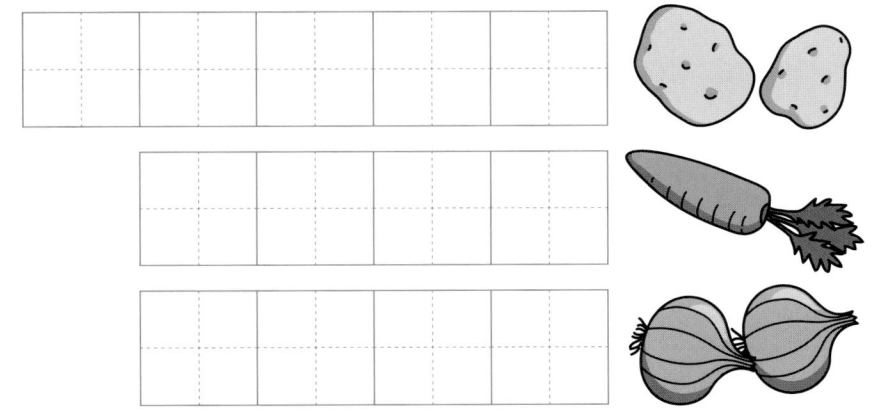

3 □には　どちらの　ひらがなが　はいりますか。□から　えらんで　かきましょう。

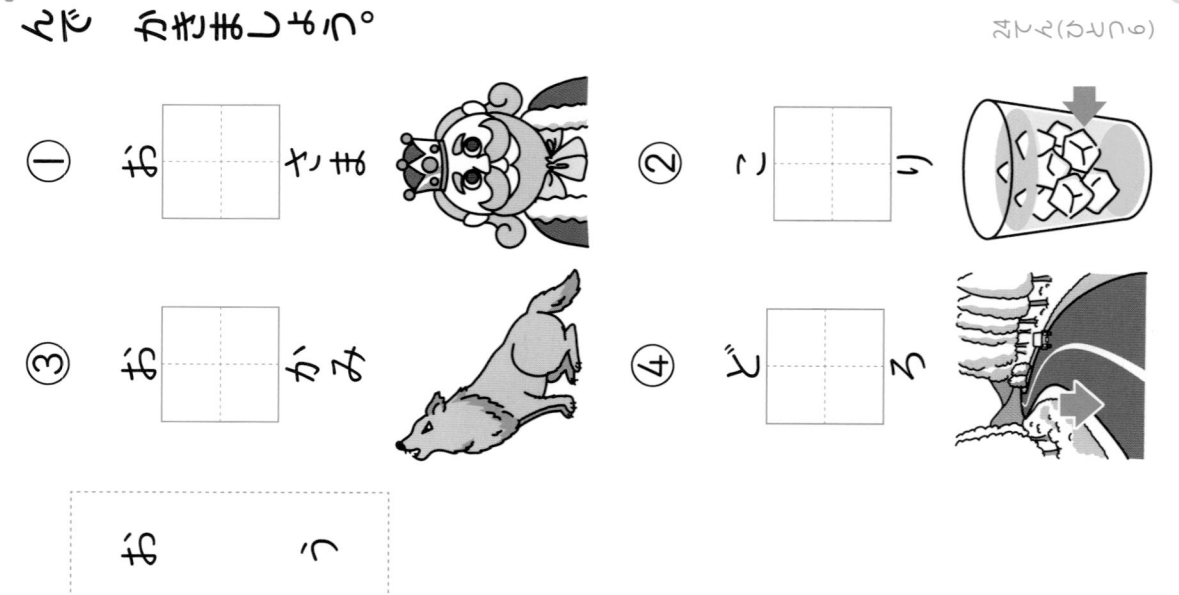

24てん（ひとつ6）

① お□さま

② こ□り

③ お□かみ

④ ど□ろ

お　う

4 つぎの　ぶんの　なかには、まちがって　いる　じが　ひとつずつ　あります。まちがって　いる　じの　うえに　×（ばつ）を　つけ、□に　ただしい　じを　かきましょう。

40てん（ひとつ8）

① ぼくわ、あさ　はやく　おきました。

② おみせで、えんぴつお　かいました。

③ あしたも　がっこうえ　いきます。

④ きょおも、よい　てんきです。

⑤ ふうとうに　きつてを　はります。

きほんのドリル 24。

こえを　あわせて　よもう
みんなに　しらせよう
ことばを　みつけよう

じかん 15ふん
ごうかく 80てん
/100
こたえ 89ページ
サクッと こたえあわせ

がつ　にち

◉みんなに　しらせよう

1 うえと　したの　ことばが　つながるように、――(せん)で　つなぎましょう。
15てん(ひとつ5)

① こうさくきょうしつに・　　・あ あそびました。
② きで　ふねを　　・　　・い つくりました。
③ みずに　うかべて　・　　・う いきました。

◉ことばを　みつけよう

2 たてに　よんだり、よこに　よんだり　して、ことばを　みつけて　かきましょう。
30てん(ひとつ5)

い	ち	ご	り	ら
ぬ	た	こ	ま	く
あ	め	は	ち	だ
り	す	め	だ	か

いぬ

いくつ
みつけられましたか。

うらのページにつづくよ！

きょうかしょ 上96〜101ページ

3 つぎの　しを　よんで、もんだいに　こたえましょう。

教上 96ページ1ぎょう～97ページ10ぎょう

いちねんせいの　うた

なかがわ　りえこ

あおい　そらの　こくばんに
なに　かこう

うでを　のばし
ちからを　こめて
まっすぐ
いちねんせいの　一（いち）

ぼくも　かく
わたしも　かく
いちねんせいの　一
いちばん　はじめの　一

おひさま　みてる
かぜが　ふく

(1) 「あおい　そらの　こくばん」に　どんな　じを　かきましたか。　20てん

いちねんせいの □。

(2) どのように　かきましたか。あう　ものに　○（まる）を　つけましょう。　20てん

あ（　）ちからを　こめて　まっすぐに。
い（　）じしんが　なくて　よわよわしく。
う（　）まがった　じで　ふざけて。

(3) じを　かいたのは　だれですか。しの　なかに　ふたつ　——（せん）を　ひきましょう。

ぜんぶできて15てん

ヒント ３(3) そらの　こくばんに　「一」と　かいたのは　だれかな。

きほんのドリル 25。

やくそく かたかなを みつけよう

じかん 15ふん　ごうかく80てん　/100

こたえ 89ページ　サクッと こたえあわせ

がつ　にち

◉やくそく

1「やくそく」には だれが でて きましたか。　10てん(ひとつ5)

おおきな □

さんびきの □□□□

2 うえと したの ことばが つながるように、——(せん)で むすびましょう。　15てん(ひとつ5)

① とおくには、うみが　・　　・みえます。

② むしゃむしゃと、おとが　・　　・たべて います。

③ おなじ 木で、はを　・　　・きこえます。

◉かたかなを みつけよう

3 つぎの えの なかから かたかなの ことばを みつけて かきましょう。　15てん(ひとつ5)

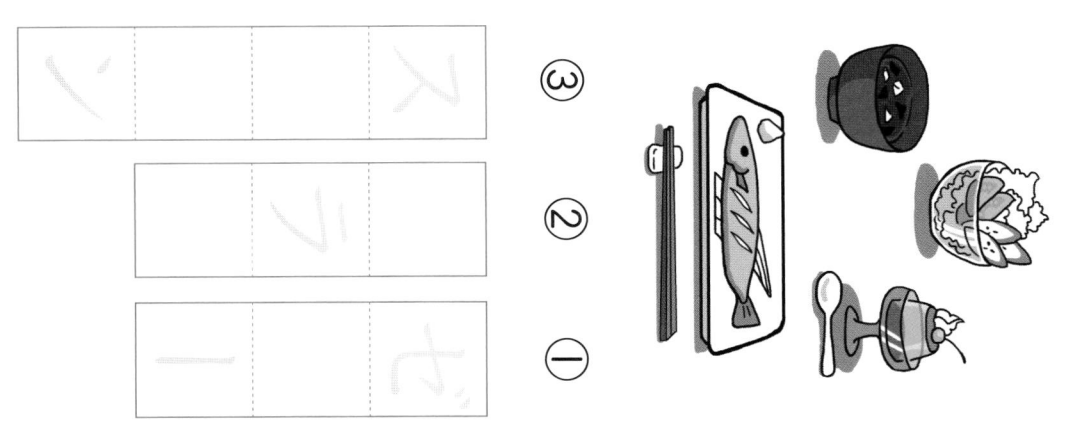

① ゼ□ー

② □ラ□

③ ス□□ン

うらのページにつづくよ！

きょうかしょ 上102～111ページ

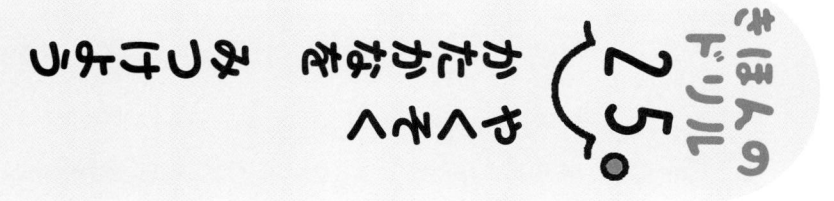

4 つぎの　ぶんしょうを　よんで、もんだいに　こたえましょう。

教上104ページ6ぎょう〜105ページ7ぎょう

　にひきが　いいあいを　して
いると、どこからか、もりもり
もりもりと、おとが　きこえます。
なんと、じぶんたちと　そっくり
な　あおむしが、おなじ　木で、
はを　たべて　います。
「その　はっぱは、ぼくのだぞ。」
と、いっぴきめが　いいました。
「わたしの　はっぱを　たべない
で。」
と、にひきめも　いいました。
するると、
「そんな　こと、しる　ものか。」
さんびきめが　いいかえしまし
た。
あおむしたちは　おおげんか。

〈こかぜ　さち「やくそく」より〉

(1) おなじ　木に、あおむしは　なんびき　いますか。（　　　）15てん

(2) あおむしたちは、なにを　たべて　いますか。（　　　）15てん

(3) 「そんな　こと、しる　ものか。」と　いったのは、なんびきめの　あおむしですか。（　　　）15てん

(4) あおむしたちが　けんかを　したのは　なぜですか。あう　ほうに　○を　つけましょう。15てん

あ（　）おなかが　すいて　いたから。

い（　）おなじ　木で　はを　たべて　いたから。

ヒント　4(4) あおむしたちは、みんな　おなじ　木で　はを　たべて　いるね。

まとめのドリル 26。 やくそく かたかなを みつけよう

じかん 20ぷん
ごうかく 80てん
/100
サクッと こたえ あわせ
こたえ 90ページ
がつ にち

◉ かたかなを みつけよう

1 なんの えですか。えの なまえを かたかなで かきましょう。

15てん(ひとつ5)

① 

② 

③ 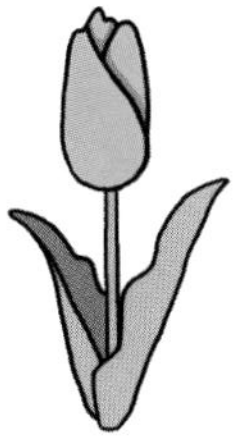

① □ー メ □
② ラ ン ド セ ル
③ チ ュ □ リ □ プ

2 つぎの ことばを かたかなで かきましょう。

25てん(ひとつ5)

① かっぷ ↓ □□□
② れもん ↓ □□□
③ ぷりん ↓ □□□
④ じゃむ ↓ □□□
⑤ じゅうす ↓ □□□□

うらのページに つづくよ！

きょうかしょ 上 102～111ページ

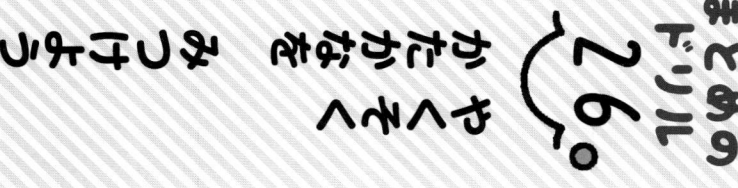

3 つぎの ぶんしょうを よんで、もんだいに こたえましょう。

教上105ページ9ぎょう～106ページ10ぎょう

「うるさいぞ。」

おおきな 木が、ぐらりと ゆれて いいました。

「みんな、もっと うえまで のぼって、そとの せかいを みて ごらん。」

あおむしたちは、いわれた とおりに、のぼって いきました。いちばん たかい えだに つくと、さんびきは、めを まるく しました。この おおきな 木は、はやしの なかの たった いっぽんだったのです。

「ぼくら、こんなに ひろい ところに いたんだね。」

〈こかぜ さち「やくそく」より〉

(1) あおむしたちの いった ことばに ——を ひきましょう。 20てん

(2) 「みんな、もっと うえまで のぼって、そとの せかいを みて ごらん。」と いったのは だれですか。 15てん

（　　　　）

(3) あおむしたちは、どこまで のぼって いきましたか。 15てん

（　　　　）

(4) 「めを まるく しました」は、どのような いみですか。あう ほうに ○(まる)を つけましょう。 10てん

あ（　）とても うれしく なった。

い（　）とても おどろいた。

ヒント 3(3) あおむしたちは、どこに ついたのかな。

きほんのドリル 27。

うみの　かくれんぼ　かずと　かんじ

じかん 15ふん
ごうかく80てん　／100
サクッと こたえあわせ
こたえ 90ページ
がつ　にち

◉うみの　かくれんぼ

1 ——せんの　かんじの　よみがなを　かきましょう。　10てん（一つ5）

①（　　）大きい　あし。　②（　　）小さい　て。

2 うえと　したの　ことばが　つながるように、——（せん）で　むすびましょう。　10てん（一つ5）

① はまぐりが、すなの　なかに・　　・かくれます。
② たこが、じぶんの　からだを・　　・かくします。

◉かずと　かんじ

3 ——せんの　かんじの　よみがなを　かきましょう。　40てん（一つ5）

(1) ①（　　）一つ　②（　　）一まい
(2) ①（　　）二つ　②（　　）二ひき
(3) ①（　　）三つ　②（　　）三かい
(4) ①（　　）四つ　②（　　）四さつ

きょうかしょ 上 112〜121ページ

うらのページにつづくよ！

4 つぎの　ぶんしょうを　よんで、もんだいに　こたえましょう。

教上114ページ1ぎょう～115ページ6ぎょう

　はまぐりが、すなの
なかに　かくれて　います。
　はまぐりは、大きくて
つよい　あしを　もって
います。すなの　なかに
あしを　のばして、
すばやく　もぐって
かくれます。

　たこが、うみの　そこに
かくれて　います。
　たこは、からだの
いろを　かえる　ことが
できます。まわりと
おなじ　いろに　なって、
じぶんの　からだを
かくします。

〈「うみの　かくれんぼ」より〉

(1)　はまぐりは、どこに
かくれて　いますか。　10てん

（　　　　）の　なか。

(2)　はまぐりの　あしは、
どんな　あしですか。あ
う　ものの　二つに　○(まる)を
つけましょう。　10てん(一つ5)

あ（　　　）大きい。
い（　　　）小さい。
う（　　　）よわい。
え（　　　）つよい。

(3)　たこは、どこに　かく
れて　いますか。　10てん

（　　　　　　　　　　）

(4)　たこは、じぶんの　か
らだを　かくす　ために
なにを　しますか。　10てん

（　　　　　　　　　　）を　まわりと　おなじに　する。

ヒント　4(4)　たこは　なにを　かえる　ことが　できるのかな。

まとめのドリル 28。

うみの かくれんぼ かずと かんじ

じかん 20ぷん　ごうかく 80てん　／100

こたえ 90ページ　サクッと こたえ あわせ

がつ　にち

◉うみの　かくれんぼ

1 ただしい　ほうの　ことばを　○(まる)で　かこみましょう。　20てん(1つ10)

① はまぐりが、{いわ／すな}の　なかに　かくれて　います。

② たこが、{うみ／すな}の　そこに　かくれて　います。

2 □に　あう　かんじを　かきましょう。　10てん(1つ5)

① □(おお)きい　はこ。　② こえが　□(ちい)さい。

3 つぎの　――せんの　ことばの　いみと　して、あう　ものに　○を　つけましょう。　20てん(1つ10)

① すなの　なかに　すばやく　もぐる。

あ(　　)とても　はやく。

い(　　)とても　しずかに。

② はさみで　かいそうを　きる。

あ(　　)うみに　おちて　いる　こいし。

い(　　)うみに　はえて　いる　くさ。

4 □に　あう　かんじを　かきましょう。　20てん(1つ5)

① □(に)ひきの　ねこ。　② □(さん)この　りんご。

③ □(よっ)つの　あめ。　④ □(ご)にんの　こども。

5 かずを　かぞえて、□に　かんじで　かきましょう。また、えに　あう　かぞえかたを　［　］から　えらんで、(　)に　かきましょう。　30てん(1つ10)

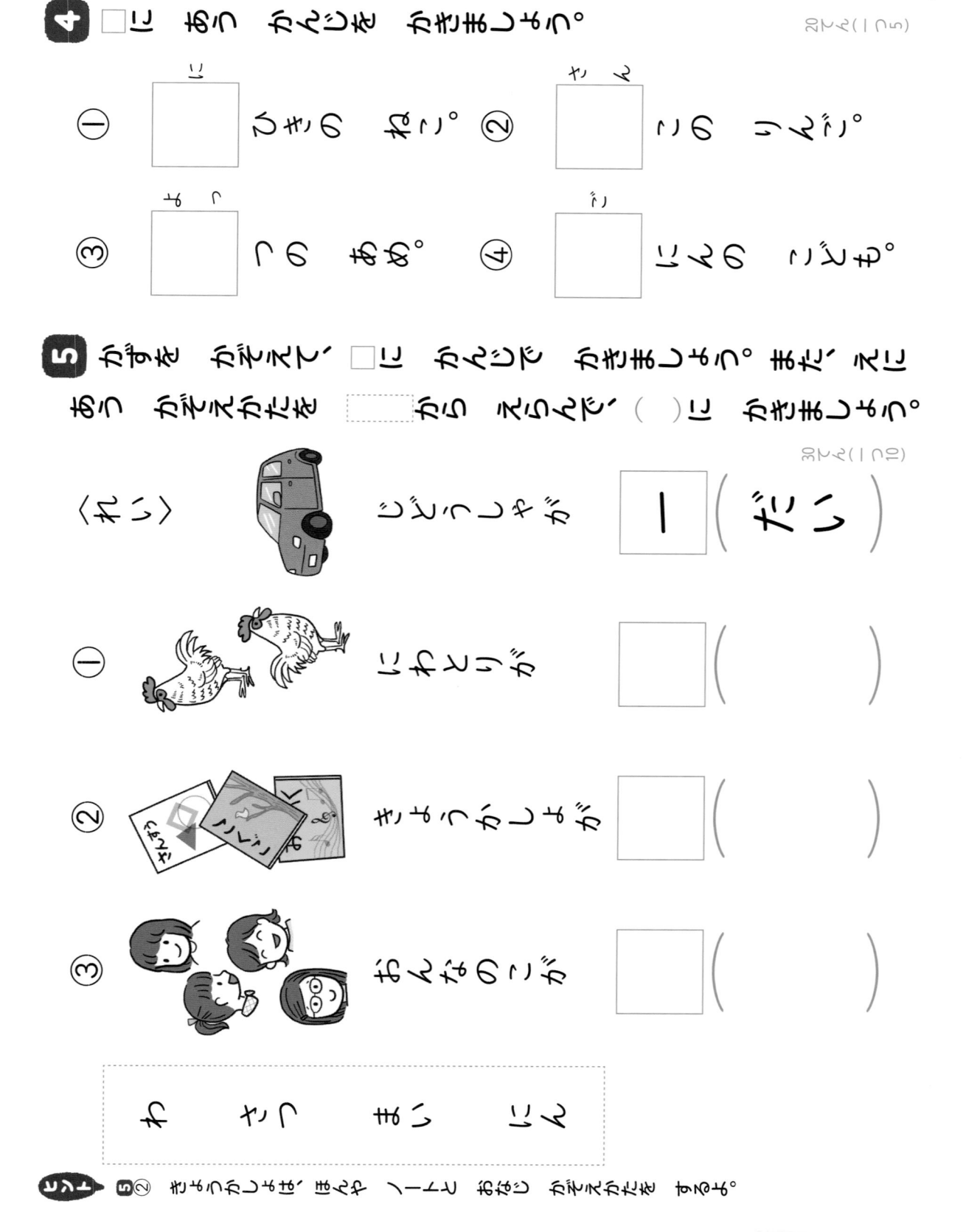

〈れい〉 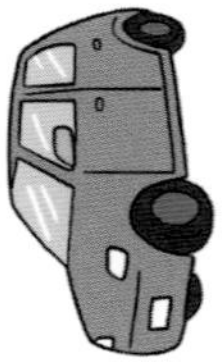 じどうしゃが　［一］（だい）

①  にわとりが　□（　　）

② 

きょうかしょが　□（　　）

③  おんなのこが　□（　　）

［わ　さつ　まい　にん］

ヒント　5② きょうかしょは、ほんや　ノートと　おなじ　かぞえかたを　するよ。

きほんのドリル
29。 くじらぐも／まちがいを なおそう

じかん 15ふん　ごうかく80てん　／100

サクッと こたえあわせ　こたえ 90ページ

がつ　にち

◉くじらぐも

1 ――せんの かん字の よみがなを かきましょう。 20てん（一つ5）

① 子ども の こえ。（　　）

② 天まで のびる。（　　）

③ 男の子の くつ。（　　）

④ 青い ふく。（　　）

2 うえと したの ことばが つながるように、――（せん）で むすびましょう。 15てん（一つ5）

① 空に くじらが ・　　・ あ かける。

② ごうれいを ・　　・ い あらわれる。

③ くもの くじらに ・　　・ う とびのる。

◉まちがいを　なおそう

3 つかいかたが まちがって いる 字を みつけて、正しい 字を かきましょう。 20てん（一つ10）

〈れい〉 がっこうえ いきました。 え→へ

① ぼくわ、えんそくに いく。 □→□

② きお つけて かえりましょう。 □→□

うらのページにつづくよ！

きょうかしょ 下6～19ページ

4 つぎの　文しょうを　よんで、もんだいに　こたえましょう。

教下6ページ1ぎょう～7ページ7ぎょう

　四じかんめの　ことです。一ねん二くみの　子どもたちが　たいそうを　して　いると、空に、大きな　くじらが　あらわれました。まっしろい　くもの　くじらです。

「一、二、三、四。」

くじらも、たいそうを　はじめました。のびたり　ちぢんだり　して、しんこきゅうも　しました。

　みんなが　かけあしで　うんどうじょうを　まわると、くもの　くじらも、空を　まわりました。

〈なかがわ　りえこ「くじらぐも」より〉

(1) いつの　ことですか。□に　あてはまる　かん字を　かきましょう。 10てん

□じかんめの　こと。

(2) たいそうを　して　いた　子どもたちの　まえに　なにが　あらわれましたか。 15てん

まっしろい □の　くじら。

(3) くじらは　どんな　ことを　しましたか。あう　ものに　二つ　○(まる)を　つけましょう。 20てん(一つ10)

あ(　)たいそうを　した。
い(　)うたを　うたった。
う(　)空を　まわった。
え(　)スキップした。

ヒント
4(3) くじらは　みんなの　まねを　したんだね。

くじらぐも　まちがいを　なおそう

じかん 20ぷん　ごうかく80てん　/100

サクッとこたえあわせ　こたえ 91ページ

がつ　にち

◉まちがいを　なおそう

1 つかいかたが　まちがって　いる　字に　×（ばつ）を　つけ、正しい　字を　かきましょう。　20てん（一つ2）

きのお、わたしわ　ともだちと　こうてえで　なわとびお　しました。ともだちわ、にじゅうとびお　じょおずに　とびました。

「わたしも　かえつたら　れんしゆうしよう。」

と　おもいながら、いええ　かえりました。

2 字の　つかいかたが　正しい　ほうに　○（まる）を　つけましょう。　20てん（一つ5）

① あ（　　）おおきな　こえを　だす。
　 い（　　）おをきな　こえお　だす。

② あ（　　）わたしわ　がっこうえ　いく。
　 い（　　）わたしは　がっこうへ　いく。

うらのページにつづくよ→

3 つぎの 文しょうを よんで、もんだいに こたえましょう。

教 下 12ページ1ぎょう～14ページ6ぎょう

「さあ、およぐぞ。」

くじらは、青い 青い 空の なかを、げんき いっぱい すすんで いきました。

うみの ほうへ、むらの ほうへ、まちの ほうへ。

みんなは、うたを うたいました。空は、どこまでも どこまでも つづきます。

「おや、もう おひるだ。」

先生が うでどけいを みて、おどろくと、

「では、かえろう。」

と、くじらは、まわれみぎを しました。

〈なかがわ りえこ「くじらぐも」より〉

(1) くじらの いった ことばに 二つ ——(せん)を ひきましょう。 20てん(一つ10)

(2) くじらは どこへ むかって すすみましたか。三つ かきましょう。 15てん(一つ5)

[ ] の ほう。

[ ] の ほう。

[ ] の ほう。

(3) 先生が おどろいたのは なぜですか。あう ものに ○(まる)を つけましょう。 15てん

あ( )空が とても 青かったから。

い( )くじらが まわれみぎを したから。

う( )もう おひる だったから。

ヒント 3(3) 先生は うでどけいを みて おどろいて いるね。

しらせたいな、見せたいな かん字の はなし ことばを たのしもう

じかん 15ふん
ごうかく80てん
/100
サクッと こたえ あわせ
こたえ 91ページ
がつ にち

◉しらせたいな、見せたいな

1 （ ）に あてはまる ことばを、[ ] から えらんで、きごうを かきましょう。 30てん（一つ6）

① あたまの 先が、（ ） いる。
② からだの いろは （ ）。
③ はっぱを （ ） たべる。
④ さわると （ ）。
⑤ あしの ながさは （ ）。

㋐ ちゃいろ
㋑ とがって
㋒ かたい
㋓ みじかい
㋔ むしゃ
むしゃと

◉かん字の はなし

2 ——せんの かん字の よみがなを かきましょう。 10てん（一つ5）

① 川 あそび（ ）　② 水 たまり（ ）

◉ことばを たのしもう

3 上と 下の ことばが つながるように、——（せん）で むすびましょう。 30てん（一つ10）

① ごつんと・　　・㋐ ぼうしが ふっとんだ。
② どしんと・　　・㋑ えだに ぶつかった。
③ ぽんと・　　・㋒ ぞうが でんぐりがえり。

← うらのページにつづくよ！

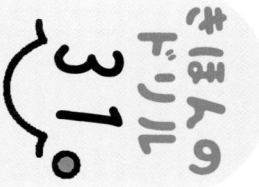

きょうかしょ 下20～29ページ

4 つぎの　文しょうを、かん字を　つかって　かきなおしましょう。

30てん

が　しずんで　が　でた。

の　ふもとの　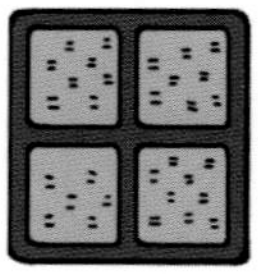んぼでは、

かえるが　の　むこうの　の

ことを　かんがえて　いた。

日がしずんで

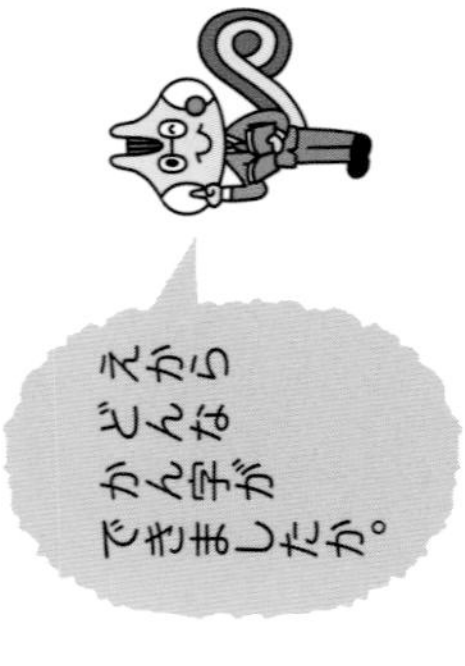

ヒント 4 それぞれの　えは　なんの　字を　あらわして　いるかな。

まとめのドリル 32。 しらせたいな、見せたいな　かん字の　はなし　ことばを　たのしもう

じかん 20ぷん　ごうかく80てん　/100

こたえ 92ページ

がつ　にち

◎しらせたいな、見せたいな

1 つぎの　文しょうを　よんで、もんだいに　こたえましょう。

> 　ぴょんたは、こうえんに　いる　うさぎです。
> 　けは、まっしろで、さわると、ふわふわして　います。
> 　めは、あかくて、まるで　ほうせきのように　きれいです。

(1) 「ぴょんた」は、なんの　なまえですか。（5てん）

［　　　］

(2) 「ぴょんた」は　どこに　いますか。（5てん）

（　　　）

(3) けや　めは　なにいろを　して　いますか。（10てん（一つ5））

け……（　　　）

め……（　　　）

2 □に　あう　かん字を　かきましょう。（20てん（一つ5））

① まえを　□（み）る。

② □□（がっこう）

③ □（い）きもの

④ いき　□（さき）を　きく。

うらのページにつづくよ！

きょうかしょ　下20〜29ページ

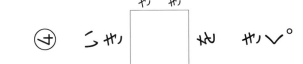

◉かん字の　はなし

3 つぎの　えから　できた　かん字を、［　］から　えらんで　かきましょう。

30てん(一つ5)

① 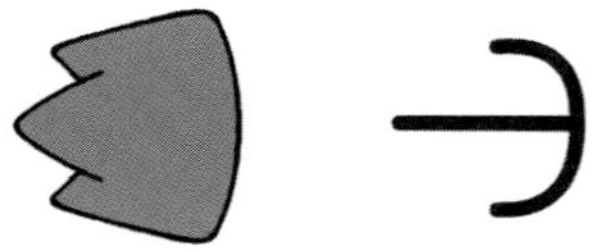 ［　］

② 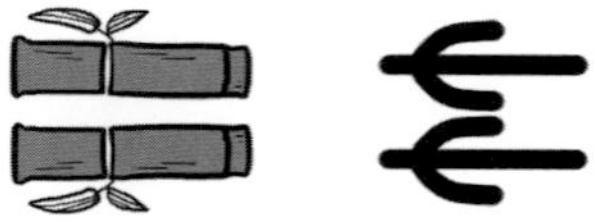 ［　］

③ 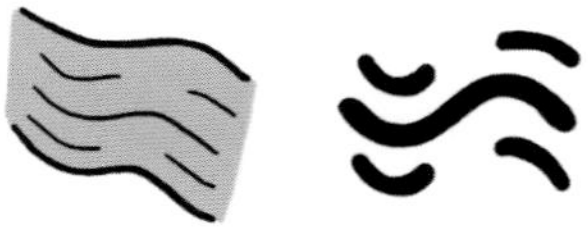 ［　］

④  ［　］

⑤  ［　］

⑥  ［　］

竹　雨　下　山　水　上

◉ことばを　たのしもう

4 つぎの　はやくちことばの　なかで、くりかえされて　いる　ことばを　かきぬきましょう。

30てん(一つ10)

(1) なまむぎ　なまごめ　なまたまご

(2) あおまきがみ　あかまきがみ　きまきがみ

(3) かえる　ぴょこぴょこ　三(み)ぴょこぴょこ
あわせて　ぴょこぴょこ
六(む)ぴょこぴょこ

ヒント　3　かん字の　かたちは　えと　にて　いるね。

きほんのドリル 33。

じどう車くらべ
じどう車ずかんを　つくろう
かたかなを　かこう

じかん 15ふん　ごうかく80てん　/100
こたえ 92ページ
がつ　にち

◉じどう車くらべ

1 ――せんの　かん字の　よみがなを　かきましょう。　10てん(一つ5)

①　じどう（　）車
②　やさしい（　）人。

◉じどう車ずかんを　つくろう

2 じどう車の　なまえと　しごとを　[　]から　えらんで、きごうを　かきましょう。　30てん(一つ5)

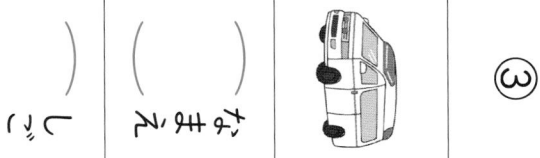

		なまえ	しごと
①		なまえ（　）	しごと（　）
②		なまえ（　）	しごと（　）
③		なまえ（　）	しごと（　）

なまえ
Ⓐあ　トラック
Ⓐい　きゅうきゅう車
Ⓐう　バス
しごと
Ⓐえ　にもつを　はこぶ。
Ⓐお　人を　のせて　はこぶ。
Ⓐか　けがを　した　人や　びょうきの　人を　はこぶ。

◉かたかなを　かこう

3 ひらがなを　かたかなに　なおして　かきましょう。　20てん(一つ10)

①　ろけっと　→　□□□□
②　くらっかあ　→　□□□□□

きょうかしょ　㊦30～39ページ

うらのページに つづくよ！

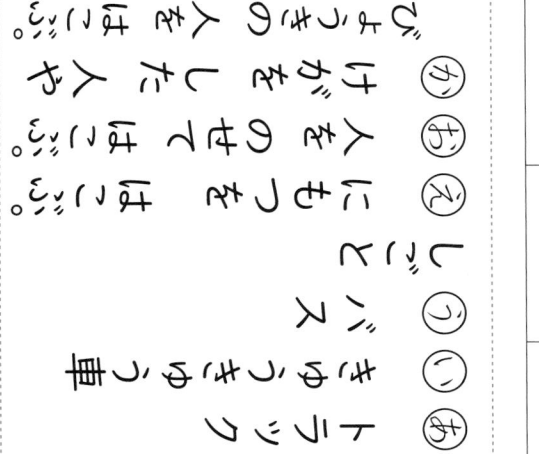

4 つぎの 文しょうを よんで、もんだいに こたえましょう。

教下30ページ3ぎょう〜31ページ10ぎょう

それぞれの じどう車は、どんな しごとを して いますか。
その ために、どんな つくりに なって いますか。
バスや じょうよう車は、人を のせて はこぶ しごとを して います。
その ために、ざせきの ところが、ひろく つくって あります。そとの けしきが よく 見えるように、大きな まどが たくさん あります。

「じどう車くらべ」より

(1) この 文しょうでは、それぞれの じどう車の なにに ついて せつめいして いますか。

20てん(一つ10)

・どんな（　　　　）を して いるか。

・どんな（　　　　）に なって いるか。

(2) 「バスや じょうよう車」は どんな しごとを して いますか。

10てん

（　　　　）

(3) 「そとの けしきが よく 見える」ように、なにが たくさん ありますか。

10てん

（　　　　）

ヒント ❹(3) のった 人が たのしめるように なって いるんだね。

まとめのドリル 34。 じどう車くらべ かたかなを かこう

じかん 20ぷん
ごうかく80てん
/100
サクッと こたえあわせ
こたえ 92ページ
がつ にち

◉かたかなを かこう

1 ひらがなを かたかなに なおして かきましょう。 15てん(一つ5)

① にゅうす→

② へるめっと→

③ ちょこれえと→

2 えに あう ことばを かたかなで かいて、しりとりを しましょう。 35てん(一つ5)

①

②

③
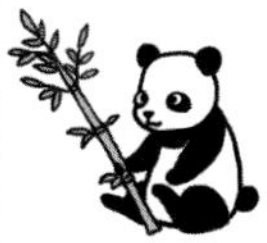

④

⑤

⑥

⑦

うらのページにつづくよ！

きょうかしょ 下30～39ページ

3 つぎの 文しょうを よんで、もんだいに こたえましょう。

教下33ページ1ぎょう〜10ぎょう

クレーン車は、おもい ものを つり上げる しごとを して います。
そのために、じょうぶな うでが、のびたり うごいたり するように、つくって あります。車たいが かたむかないように、しっかりした あしが、ついて います。

〈「じどう車くらべ」より〉

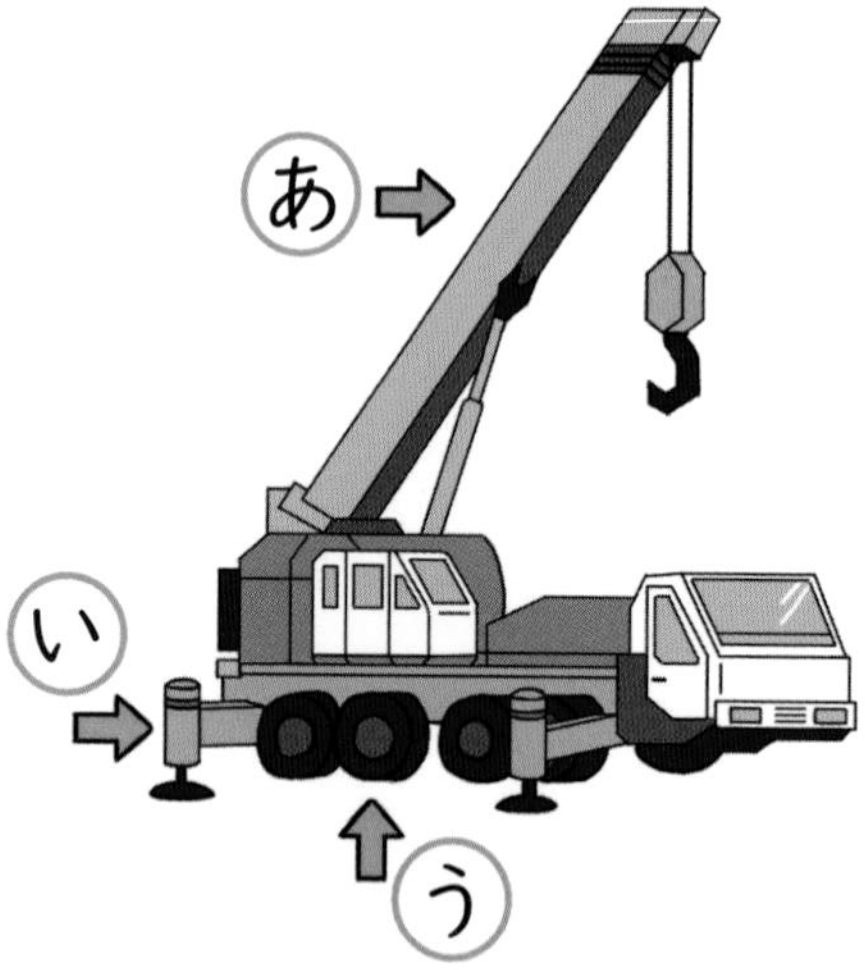

(1) クレーン車は、どんな しごとを して いますか。 15てん

（　　　　　　　　）

(2) クレーン車の 「うで」や 「あし」とは 上の えの どこの ことですか。きごうを かきましょう。 20てん（一つ10）

① うで（　　）
② あし（　　）

(3) クレーン車に ついて かいた 文の うち、まちがって いる ものに ×（ばつ）を かきましょう。 15てん

あ（　　）うでが うごかないように ついて いる。
い（　　）うでが のびたり うごいたり する。
う（　　）しっかりした あしが ついて いる。

ヒント 3(3) 文の なかで、「うで」、「あし」と かいて ある ところを よく よもう。

きほんのドリル 35。

どんな おはなしが できるかな たぬきの 糸車

じかん 15ふん
ごうかく 80てん
/100
サクッと こたえ あわせ
こたえ 93ページ
がつ にち

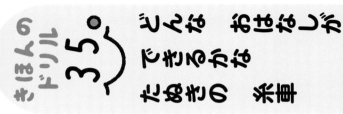

◉どんな おはなしが できるかな

1 つぎの 文しょうに かぎ(「 」)を 二くみ かきいれましょう。 20てん(一つ10)

たぬきが、
きつねさん、きみのすきなたべものはなんだい。
とききました。
あぶらあげさ。
と、きつねはこたえました。

◉たぬきの 糸車

2 ——せんの かん字の よみがなを かきましょう。 20てん(一つ5)

① 川の 音。（　　　）

② 目の 玉。（　　　）

③ 村の 人。（　　　）

④ 白い 車。（　　　）

きょうかしょ 下40～55ページ

うらの ページに つづくよ！

3 つぎの　文しょうを　よんで、もんだいに　こたえましょう。

教 下 46ページ1ぎょう～47ページ1ぎょう

　ふと　気が　つくと、やぶれしょうじの　あなから、二つの　くりくりした　目玉が、こちらを　のぞいて　いました。
　糸車が　キークルクルと　まわるに　つれて、二つの　目玉も、くるりくるりと　まわりました。そして、月の　あかるい　しょうじに、糸車を　まわす　まねを　する　たぬきの　かげが　うつりました。
　おかみさんは、おもわず　ふきだしそうに　なりましたが、だまって　糸車を　まわして　いました。

〈きし　なみ「たぬきの　糸車」より〉

(1)「二つの　くりくりした　目玉」は、だれの　目玉でしたか。（15てん）

(2)「二つの　目玉」は、なにと　いっしょに　まわりましたか。（15てん）

（　　　　　）

(3)「たぬきの　かげ」は、いま　どこに　うつって　いましたか。（15てん）

(4)　おかみさんが　ふきだしそうに　なったのは　なぜですか。あう　ものに　○（まる）を　つけましょう。（15てん）

あ（　）たぬきが、目を　まわして　たおれたから。
い（　）たぬきが、キークルクルと　うたったから。
う（　）たぬきが、糸車を　まわす　まねを　したから。

ヒント　3(4)　たぬきの　ようすが　おかしかったんだね。

まとめのドリル36。

どんな　おはなしが　できるかな
たぬきの　糸車

じかん 20ぷん
ごうかく 80てん
／100
サクッと こたえあわせ
こたえ 93ページ
がつ　にち

◉どんな　おはなしが　できるかな

1 つぎの　えを　見て、おはなしを　かきましょう。　60てん（一つ20）

きょうは、ぶたさんの　たんじょう日。
プレゼントを　もった　くまさんは、
（　　　　　　　　　　）
といって、プレゼントを　わたしました。ぶたさんは、
（　　　　　　　　　　）

と、おれいを　いいました。
ぶたさんと　くまさんは、
（　　　　　　　　　　）

うらのページにつづくよ！

きょうかしょ 下 40～55ページ

2 つぎの　文しょうを　よんで、もんだいに　こたえましょう。

教下 48ページ9ぎょう〜50ページ4ぎょう

　やがて、山の　木の　はが　おちて、ふゆが　やって　きました。ゆきが　ふりはじめると、きこりの　ふうふは、村へ　下りて　いきました。
　はるに　なって、また、きこりの　ふうふは、山おくの　こやに　もどって　きました。
　とを　あけた　とき、おかみさんは、あっと　おどろきました。
　いたの間（ま）に、白い　糸の　たばが、山のように　つんで　あったのです。そのうえ、ほこりだらけの　はずの　糸車には、まきかけた　糸まで　かかって　います。

〈きし　なみ「たぬきの　糸車」より〉

(1)　きこりの　ふうふは、①ふゆ、②はるは、それぞれ　どこに　すんで　いますか。　20てん（一つ10）

①（　　　　　　）

②（　　　　　　）

(2)　おかみさんが、おどろいたのは、なぜですか。まちがって　いる　ものに　×（ばつ）を　つけましょう。　20てん

あ（　）白い　糸の　たばが　おいて　あったから。

い（　）いえの　なかが　そうじ　して　あったから。

う（　）糸車に　糸が　かかって　いたから。

ヒント
2(1)　ふゆと　はるで　ちがう　ところに　すんで　いたんだね。

きほんのドリル 37。

日づけと　よう日
てがみで　しらせよう

じかん 15ふん
ごうかく80てん　／100
サクッと こたえあわせ
こたえ 93ページ
がつ　にち

◉日づけと　よう日

1 ——せんの　日づけの　よみかたを　かきましょう。　44てん(一つ4)

① 一月　一日（　　　）

② 二月　二日（　　　）

③ 三月　三日（　　　）

④ 四月　四日（　　　）

⑤ 五月　五日（　　　）

⑥ 六月　六日（　　　）

⑦ 七月　七日（　　　）

⑧ 八月　八日（　　　）

⑨ 九月　九日（　　　）

⑩ 十月　十日（　　　）

⑪ 十二月　二十日（　　　）

きょうかしょ 下56～59ページ

← うらのページにつづくよ！

2 せんの かん字の よみがなを かきましょう。

48てん(一つ4)

① お（　）正月（　）に 花（　）を かざる。

② なつ（　）休（　）みに 天（　）の川を 見る。

③ 大（　）すきな（　） 虫（　）とり。

④ 水（　）よう日に（　） 水（　）を まく。

⑤ 木（　）よう日に（　） 木（　）を うえる。

⑥ 土（　）よう日に（　） 土（　）を ほる。

◎てがみで しらせよう

3 てがみを かく ときの 正しい じゅんに なるように、1～4の ばんごうを かきましょう。

ぜんぶできて8てん

（　）まさこおばさんへ

（　）おげんきですか。

（　）そうたより

（　）らいしゅう、おんがくかいが あるので、ききに きてください。

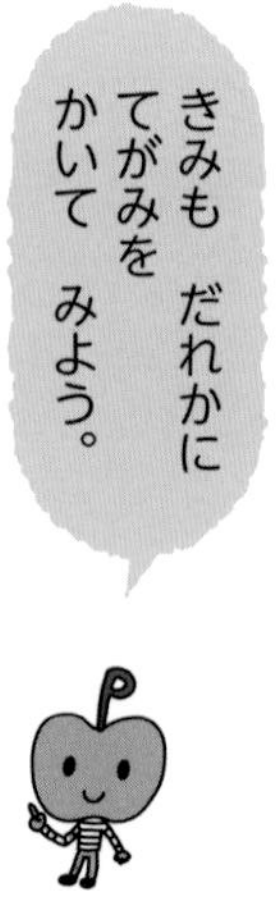

ヒント ❸ はじめに あいての なまえを かくよ。

きほんのドリル 38。

むかしばなしを よもう おかゆの おなべ

じかん 15ふん
ごうかく 80てん
/100

サクッと こたえ あわせ
こたえ 93ページ

がつ にち

◉むかしばなしを よもう／おかゆの おなべ

1 ――せんの かん字の よみがなを かきましょう。 30てん（一つ5）

① 本を よむ。（　）

② 森に いく。（　）

③ どんどん 出る。（　）

④ おなべの 中。（　）

⑤ 町の そと。（　）

⑥ うちに 入る。（　）

◉むかしばなしを よもう

2 がいこくの むかしばなしを □ から 三つ えらんで、きごうを かきましょう。 12てん（一つ4）

（　）（　）（　）

- ⓐ かぐやひめ
- ⓘ しらゆきひめ
- ⓤ ながぐつをはいたねこ
- ⓔ したきりすずめ
- ⓞ きたかぜとたいよう
- ⓚ ねずみのよめいり

おうじさまは がいこくの むかしばなしに とうじょうするね。

3 つぎの　文しょうを　よんで、もんだいに　こたえましょう。

教下63ページ2ぎょう〜8ぎょう

　ある　とき、女の子が、森に　たべものを　さがしに　いくと、むこうから　おばあさんが　やって　きました。
「こんな　ところで、なにを　して　いるんだね。」
おばあさんに　たずねられ、女の子は　はずかしそうに　こたえました。
「のいちごを　さがして　いるの。おかあさんと　いっしょに　たべようと　おもって。」

〈さいとう　ひろし「おかゆの　おなべ」より〉

(1) この　文しょうには、だれと　だれが　出て　きますか。　18てん(一つ9)
（　　　　）と（　　　　）。

(2) 女の子は、森で　だれに　あいましたか。　10てん
（　　　　）

(3) 女の子は、森で　なにを　さがして　いましたか。　10てん
（　　　　）

(4) 「こんな　ところで、なにを　して　いるんだね。」と　いったのは、だれですか。　10てん
（　　　　）

(5) 女の子の　いった　ことに　——(せん)を　ひきましょう。　10てん

ヒント 3(3) 女の子は、おかあさんと　いっしょに　たべようと　おもったんだね。

まとめのドリル 39。 日づけと　よう日　おかゆの　おなべ

じかん 20ぷん
ごうかく 80てん
／100
サクッと こたえあわせ
こたえ 94ページ
がつ　にち

◉日づけと　よう日／おかゆの　おなべ

1 □に　あう　かん字を　かきましょう。　48てん（一つ4）

① お□□（しょうがつ）
② □（はな）が　さく。
③ □（だい）すきな　人。
④ □（か）よう日
⑤ はる□（やす）み
⑥ □（むし）の　こえ。
⑦ お□（かね）を　はらう。
⑧ □（つち）の　におい。
⑨ あふれ□（で）る
⑩ □（もり）で　くらす。
⑪ となりの□（まち）。
⑫ おふろに□（はい）る。

きょうかしょ 下 56～73ページ

うらのページにつづくよ！

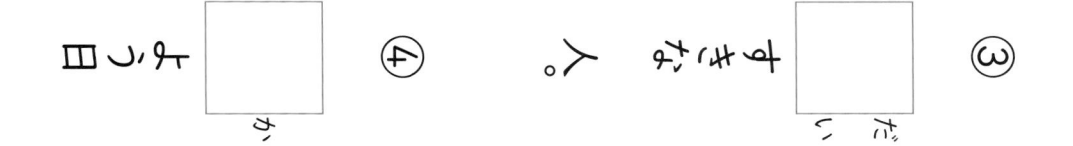

2 つぎの　文しょうを　よんで、もんだいに　こたえましょう。

教下67ページ8ぎょう～68ページ10ぎょう

　おなべは、ぐらぐらと　にえたち、おかゆが　うんじゃら　うんじゃら、出て　きました。おかあさんは、おかゆを　たくさん　たべ、おなかが　いっぱいに　なりました。

　けれども、おかあさんは、おなべを　とめようと　して、はっと　しました。いつも、おなべに　むかって　じゅもんを　いうのは、女の子の　やくめだったので、おかあさんは、とめる　ときの　じゅもんを、よく　しらなかったのです。

　そこで、おかあさんは、

「なべさん、なべさん。やめとくれ。」

と　いって　みました。

もちろん、なべは　とまりません。

〈さいとう　ひろし「おかゆの　おなべ」より〉

(1) おかあさんは、なにを　たべて　おなかが　いっぱいに　なりましたか。（10てん）

(2) 「なべさん、なべさん。やめとくれ。」と　いった　のは　だれですか。（12てん）

(3) 「なべさん、なべさん。やめとくれ。」は、正しい　じゅもんでしたか。（10てん）

あ（　　）正しい。

い（　　）正しくない。

(4) おかあさんが、なべを　とめる　ときの　じゅもんを　よく　しらなかったのは　なぜですか。（20てん）

ヒント 2(4) いつも　じゅもんを　いうのは　だれの　やくめだったかな。

40。九月から 十二月に ならった かん字と ことば

じかん 20ぷん
ごうかく 80てん
/100

サクッと こたえ あわせ

こたえ 94ページ

がつ　にち

1 ――せんの かん字の よみがなを かきましょう。 30てん（一つ5）

①（　　）山に のぼる。

②（　　）正しい こたえ。

③ まるい（　　）月。

④（　　）火が もえる。

⑤ つくえの（　　）下。

⑥（　　）気を つける。

2 □に あう かん字を かきましょう。 30てん（一つ5）

① ひろい □（そら）。

② じどう □（しゃ）

③ □□（がっこう）に いく。

④ □（みず）あそび

⑤ とけいを □（み）る。

⑥ □（あお）い えのぐ。

うらのページにつづくよ！

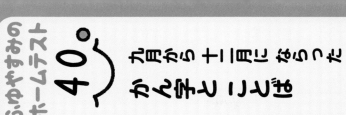

3 つぎの　えを　かん字に　かえて、文を　かきなおしましょう。

20てん（一つ10）

① 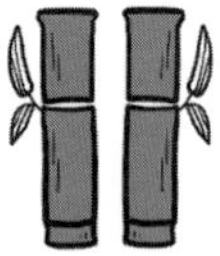やぶに、が　ふって　いる。

（　　　　　　　　）

② の　そばに、んぼが　ある。

（　　　　　　　　）

4 ひらがなを　かたかなに　なおしましょう。

20てん（一つ4）

① よっと

② こっぷ

③ とまと

④ ぴあの

⑤ まらそん

きほんのドリル 41。

なりきって　よもう　くわしく　きこう　ことばで　あそぼう

じかん 15ふん　ごうかく80てん　／100

こたえ 94ページ

がつ　にち

◉くわしく　きこう

1 上の　しつもんと、下の　こたえが　つながるように、――（せん）で　むすびましょう。

15てん(一つ5)

① すきな　おはなしは　なんですか。・　　・あ 女の子と　おかあさんと　おばあさんが　出て　きます。

② だれが　出て　きますか。・　　・い 「おかゆの　おなべ」です。

③ どこが　すきなのですか。・　　・う 町が　おかゆだらけに　なる　ところが　すきです。

◉ことばで　あそぼう

2 それぞれ　一字　ふやして、べつの　ことばに　しましょう。

15てん(一つ5)

① さい　上に　㋳を　ふやして　[　][　][　]

② くま　あいだに　㋸を　ふやして　[　][　][　]

③ あし　下に　㋟を　ふやして　[　][　][　]

← うらのページに　つづくよ！

きょうかしょ　下74〜79ページ

3 つぎの 二つの しを よんで、もんだいに こたえましょう。

教下 74ページ～75ページ

かたつむりの ゆめ

かたつむり でんきち

あのね ぼく
ゆめの なかでは ね
ひかりのように はやく
はしるんだよ

おいわい

にじ ひめこ

きょうは
うれしい ことが ありましたので
のはらに
リボンを かけました

〈くどう なおこ「のはらうた」より〉

(1) 「ぼく」とは だれの ことですか。しの 中から かきぬきましょう。 10てん

(　　　　)

(2) 「ぼく」は、ひかりのように なにを しますか。 20てん

(　　　　)

(3) 「きょう」は どんな ことが ありましたか。 20てん

(　　　　)こと。

(4) 「のはら」に なにを かけましたか。 20てん

(　　　　)

ヒント 3(2) ゆめの なかでは いつもと ちがうよ。

きほんのドリル 42。

どうぶつの 赤ちゃん ものの 名まえ

じかん 15ふん
ごうかく80てん
/100
サクッと こたえ あわせ
こたえ 95ページ
がつ にち

◉どうぶつの 赤ちゃん

1 ――せんの かん字の よみがなを かきましょう。 30てん(一つ5)

① ひなが 生まれる。( )
② 口を あける。( )
③ 耳かざり ( )
④ おしろの 王さま。( )
⑤ 赤えんぴつ ( )
⑥ 一年が たつ。( )

2 □に あう かん字を かきましょう。 10てん(一つ5)

① いすから □(た)つ。
② □(くさ)を たべる。

◉ものの 名まえ

3 ――せんの かん字の よみがなを かきましょう。 20てん(一つ5)

① 名まえを かく。( )
② 夕がたに なる。( )
③ 百まいの かみ。( )
④ 千円さつ ( )

きょうかしょ 下80〜95ページ

うらのページにつづくよ！

4 つぎの 文しょうを よんで、もんだいに こたえましょう。

教下81ページ9ぎょう～82ページ10ぎょう

ライオンの 赤ちゃんは、じぶんでは あるく ことが できません。よそへ いく ときは、おかあさんに、口に くわえて はこんで もらうのです。

ライオンの 赤ちゃんは、生まれて 二か月ぐらいは、おちちだけ のんで いますが、やがて、おかあさんの とった えものを たべはじめます。一年ぐらいたつと、おかあさんや なかまが するのを 見て、えものの とりかたを おぼえます。そして、じぶんで つかまえて たべるように なります。

〈ますい みつこ「どうぶつの 赤ちゃん」より〉

(1) ライオンの 赤ちゃんは、よそへ いく とき どう しますか。 10てん

おかあさんに、口に [　　　　] はこんで もらう。

(2) ライオンの 赤ちゃんは どれぐらいの あいだ おちちだけを のんで いますか。 10てん

[　　　] ぐらい。

(3) ライオンの 赤ちゃんは どうやって えものの とりかたを おぼえますか。あう ものに ○(まる)を つけましょう。 20てん

あ（　）じぶんで かんがえる。

い（　）おかあさんや なかまが するのを 見る。

う（　）にんげんに おしえて もらう。

ヒント 4(3) はじめの うちは おかあさんに とって もらうんだね。

まとめのドリル 43。 どうぶつの 赤ちゃん ものの 名まえ

じかん 20ぷん　ごうかく80てん　/100

こたえ 95ページ　サクッと こたえ あわせ

がつ　にち

◉ものの　名まえ

1 つぎの　文しょうを　よんで、もんだいに　こたえましょう。

教下 92ページ6ぎょう～93ページ9ぎょう

　ものには、一つ一つに名まえが　ついて　います。りんご、みかん、バナナなどは、一つ一つの　名まえです。

　一つ一つの　ものを、まとめて　つけた　名まえもあります。りんご、みかん、バナナなどを　まとめてつけた　名まえは、くだものです。

　さかなも、まとめて　つけた　名まえです。一つ一つを　わけて　いう　ときには、あじ、さば、たいなどと、一つ一つの　名まえを　つかいます。

〈「ものの　名まえ」より〉

(1) 「一つ一つの　名まえ」の　れいを、ぜんぶ　かきぬきましょう。（10てん）

(　　　　　　)

(2) 「りんご、みかん、バナナ」などを　まとめて　つけた　名まえは　なんですか。（15てん）

(　　　　　　)

(3) 「あじ、さば、たい」などを　まとめて　つけた　名まえは　なんですか。（15てん）

(　　　　　　)

← うらのページに つづくよ！

2 つぎの　文しょうを　よんで、もんだいに　こたえましょう。

教 下 84ページ1ぎょう～85ページ8ぎょう

　しまうまの　赤ちゃんは、生まれて　三十ぷんも　たたない　うちに、じぶんで　立ち上がります。そして、つぎの　日には、はしるように　なります。だから、つよい　どうぶつに　おそわれても、おかあさんや　なかまと　いっしょに　にげる　ことが　できるのです。

　しまうまの　赤ちゃんが、おかあさんの　おちちだけ　のんで　いるのは、たった　七日ぐらいの　あいだです。その　あとは、おちちも　のみますが、じぶんで　草も　たべるように　なります。

〈ますい　みつこ「どうぶつの　赤ちゃん」より〉

(1)「三十ぷんも　たたない　うちに」に　ちかい　じかんに　○(まる)を　つけましょう。　20てん

あ（　）二十五ふん

い（　）三十五ふん

(2) しまうまの　赤ちゃんは　つよい　どうぶつに　おそわれた　とき、どんな　ことが　できますか。　20てん

おかあさんや　なかまと　いっしょに（　　　　）こと が　できる。

(3) しまうまの　赤ちゃんが　おかあさんの　おちちだけを　のむのは　なん日くらいですか。かん字で　かきましょう。　20てん

（　　）日ぐらい

ヒント　2(1) 三十ぷんより　みじかい　じかんだよ。

きほんのドリル 44。

かたかなの　かたち
ことばあそびを　つくろう
これは、なんでしょう

じかん15ふん　ごうかく80てん　/100

こたえ 95ページ

がつ　にち

◉かたかなの　かたち

1 ひらがなを　かたかなに　なおして　かきましょう。 10てん(一つ5)

① ぱん　② しいつ

◉ことばあそびを　つくろう

2 つぎの（　）に　あてはまる　ことばを　かきましょう。 12てん(一つ4)

① いかだの　中には（　　）が　いる。

② フライパンの　中には（　　）が　ある。

③ れいぞうこの　中には（　　）が　いる。

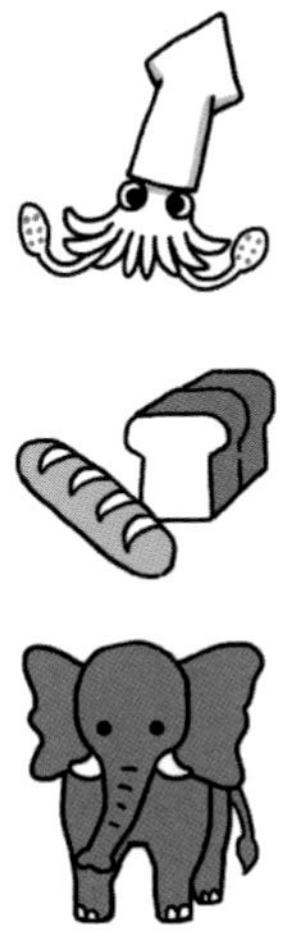

◉これは、なんでしょう

3 つぎの　もんだいの　こたえを　かんがえて、かきましょう。 30てん(一つ15)

(1) ものを　きるのが　しごとです。手と　あしを　とじたり　ひらいたり　します。（　　）

(2) あかくて　しかくい　かたちを　して　いて、手がみを　たべます。（　　）

うらのページに　つづくよ！

きょうかしょ ㊦98〜107ページ

◉かたかなの　かたち

4 つぎの　ひらがなを　かたかなに　なおして　かきましょう。　18てん(一つ3)

①　あ　□
②　ま　□
③　く　□
④　わ　□
⑤　こ　□
⑥　ゆ　□

5 なんの　えですか。えの　なまえを　かたかなで　かきましょう。　10てん(一つ5)

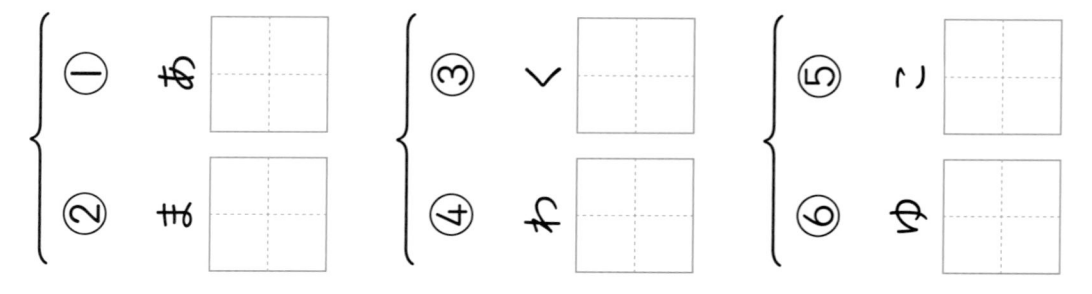

①
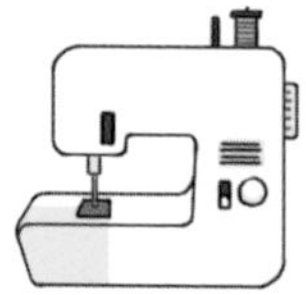
□□□

②

□□□□

◉これは、なんでしょう

6 「これは、なんでしょう」で、つぎの　もんだいを　出しました。こたえを　見つける　ために、どんな　しつもんを　すると　よいですか。あう　ものに　二つ　○(まる)を　つけましょう。　20てん(一つ10)

> せなかに　せおう　ものです。
> これは　なんでしょう。

あ(　)いつ　つかいますか。
い(　)すきな　たべものは　なんですか。
う(　)小(しょう)学生が　つかいますか。
え(　)よる、なんじに　ねますか。

きほんのドリル 45。 ずうっと、ずっと、大すきだよ／にて いる かん字

じかん 15ふん　ごうかく 80てん　／100

サクッと こたえ あわせ　こたえ 95ページ

がつ　にち

◉ずうっと、ずっと、大すきだよ

1 ——せんの かん字の よみがなを かきましょう。 20てん(一つ5)

① かわいい 犬。（　　）

② 早く おきる。（　　）

③ 年を とる。（　　）

④ かいだんを 上る。（　　）

2 ——せんの ことばの いみが 正しい ほうに、○(まる)を つけましょう。 20てん(一つ10)

① いつしか、ねて いた。
- あ（　）ながい あいだ。
- い（　）いつのまにか。

② まもなく、えきに つく。
- あ（　）すぐに。
- い（　）ずっと まえに。

◉にて いる かん字

3 かきじゅんの 正しい ほうに、○を つけましょう。 20てん(一つ5)

① 人
- あ（　）ノ 人
- い（　）＼ 人

② 入
- あ（　）ノ 入
- い（　）＼ 入

③ 上
- あ（　）丨 ⺊ 上
- い（　）‐ ト 上

④ 土
- あ（　）丨 十 土
- い（　）一 十 土

きょうかしょ 下108～121ページ

うらのページにつづくよ！

4 つぎの 文しょうを よんで、もんだいに こたえましょう。

教下 108ページ2ぎょう〜110ページ1ぎょう

エルフは、せかいで いちばん すばらしい 犬です。

ぼくたちは、いっしょに 大きく なった。でも、エルフの ほうが、ずっと 早く、大きく なったよ。

ぼくは、エルフの あったかい おなかを、いつも まくらに するのが すきだった。そして、ぼくらは、いっしょに ゆめを 見た。

にいさんや いもうとも、エルフの ことが 大すきだった。でも、エルフは、ぼくの 犬だったんだ。

〈ハンス＝ウイルヘルム さく／ひさやま たいち やく「ずうっと、ずっと、大すきだよ」より〉

(1) エルフは どんな 犬ですか。 10てん

せかいで いちばん ( ) 犬。

(2) 「ぼくたち」とは、ぼくと だれの ことですか。 10てん

[ ]

(3) 「ぼく」は、エルフの なにを まくらに するのが すきでしたか。あう ものに ○(まる)を つけましょう。 10てん

あ( )ふさふさの け。
い( )ながい しっぽ。
う( )あったかい おなか。

(4) 「ぼく」の ほかに、エルフの ことが 大すきだったのは だれと だれですか。 ぜんぶできて10てん

( )と( )

ヒント 4(2) 「ぼく」と いっしょに 大きく なったのは だれかな。

まとめのドリル 46。

ずうっと、ずっと、大すきだよ にて いる かん字

じかん 20ぷん
ごうかく 80てん ／100
こたえ 96ページ
がつ　にち

◎にて いる かん字

1 □に あう かん字を かきましょう。　40てん(一つ5)

(1)
① □(な)まえ
② □(ゆう)やけ

(2)
① まるい □(いし)。
② □(みぎ)を むく。

(3)
① □(おお)きな 川。
② □(いぬ)と はしる。

(4)
① □(つち)を ほる。
② 山の □(うえ)。

2 つぎの 文には、かん字の まちがいが 一つずつ あります。まちがいに ×(ばつ)を つけて、みぎよこに 正しく かきましょう。　15てん(一つ5)

① 早の かげに 小さな 花を 見つけました。

② ともだちと 字校の 木の 下で あそびました。

③ 川の 水が くつの 中に 人りました。

きょうかしょ 下108～121ページ

うらのページにつづくよ！

3 つぎの 文しょうを よんで、もんだいに こたえましょう。

教下 114ページ1ぎょう〜115ページ10ぎょう

ある あさ、目を さますと、エルフが、しんでいた。よるの あいだに しんだんだ。

ぼくたちは、エルフを にわに うめた。みんな ないて、かたを だきあった。

にいさんや いもうとも、エルフが すきだった。でも、すきって いって やらなかった。ぼくだって、かなしくて たまらなかったけど、いくらか 気もちが らくだった。だって、まいばん エルフに、「ずうっと、大すきだよ。」って、いって やって いたからね。

〈ハンス＝ウイルヘルム さく／ひさやま たいち やく「ずうっと、ずっと、大すきだよ」より〉

(1) 「ある あさ、目を さますと」なにが おきて いましたか。 20てん

（　　　　）

(2) 「いくらか」は、どのような いみですか。 10てん

㋐（　）なぜだか
㋑（　）すこしは
㋒（　）ひじょうに

(3) 「ぼく」の「気もちが らくだった」のは、なぜですか。 15てん

まいばん、エルフに、

「（　　　　）」

と、いって やって いたから。

ヒント 3(3) にいさんや いもうととの ちがいは なにかな。

いい こと いっぱい、一年生

じかん 15ふん　ごうかく80てん　/100

こたえ 96ページ

がつ　にち

1 つぎの 文しょうを よんで、もんだいに こたえましょう。

> 　わたしは、なわとびが にがてで、一かいも とべませんでした。
> 　でも、たくさん れんしゅうしたので、じょうずに とべるように なりました。
> 　とべた ときは、うれしかったです。

(1) なにに ついて かいて いますか。（10てん）

（　　　　　　　）が とべるように なった こと。

(2) とべた ときの 気もちを かきぬきましょう。（10てん）

（　　　　　　　）

2 おもい出した ことを かく ときの 正しい じゅんに なるように、1～4の ばんごうを かきましょう。（ぜんぶできて30てん）

（　）ぼくは、うんどうかいで、つなひきを がんばりました。

（　）やって みると、うまく つなを ひけました。

（　）らい年は、ぼくが 一年生に おしえたいと おもいます。

（　）れんしゅうの ときに、ともだちが、ふんばりかたを おしえて くれました。

うらのページにつづくよ！

きょうかしょ 下122～125ページ

3 □に あう かん字を かきましょう。 20てん(一つ5)

① 王□(い)れを する。　② 字を □(まな)ぶ。

③ □(ちから)が つよい。　④ おもい □(だ)す

4 つぎの 文しょうを よんで もんだいに こたえましょう。 30てん(一つ10)

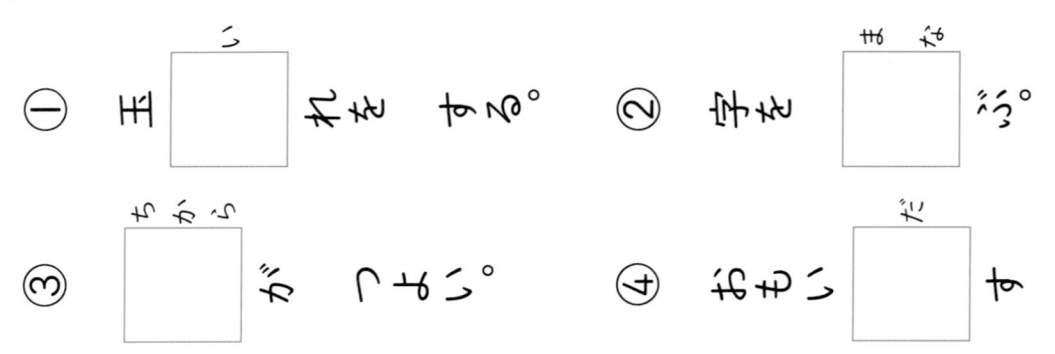

　これは　六月のうんどうかいのときのしゃしんです
　さいごまで　いっしょうけんめいはしったら
一ばんになりました
　おかあさんが、
　よくがんばったね。
といって、ほめてくれました。

(1) 一つ目の　文に、□(、てん)と □(。まる)を 一つずつ かきいれましょう。

(2) 二つ目の　文に、□(、)を 二つ、□(。)を 一つ かきいれましょう。

(3) 三つ目の　文に、□(「)□(」)(かぎ)を 一くみ かきいれましょう。

ヒント ❶(2) 文しょうの 中から 気もちを あらわす ことばを 見つけよう。

学年まつの ホームテスト

48。 一年生で ならった かん字と ことば

じかん 20ぷん

ごうかく80てん ／100

サクッと こたえ あわせ

こたえ 96ページ

がつ　にち

1 ——せんの かん字の よみがなを かきましょう。 30てん(一つ5)

① 早く おきる。（　　）

② にぎやかな 町。（　　）

③ いすから 立つ。（　　）

④ きれいな 文字。（　　）

⑤ ひなが 生まれる。（　　）

⑥ 左に まがる。（　　）

2 □に あう かん字を かきましょう。 30てん(一つ5)

① □□(てんき)が よい。

② □□(みぎて)で もつ。

③ □(しろ)い くも。

④ □□□(ひゃくえんだま)

⑤ 小(しょう)□□(がっこう)に □(はい)る。

3 つぎの　えの　ものを　まとめて　なんと　いいますか。□から　えらんで、きごうで　こたえましょう。 24てん(一つ8)

① (　　)

② (　　)

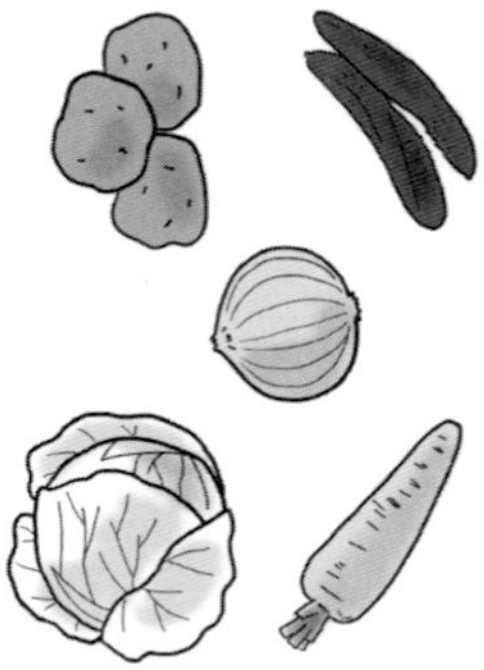

③ (　　)

㋐ やさい	㋑ がっき	㋒ のりもの
㋓ しょっき	㋔ くだもの	

4 子どもの　かずを　かぞえて、(　)に　あてはまる　ことばを　かきましょう。かずは　かん字で　かきましょう。 8てん

子どもが　(　　　)　います。

5 つぎの　文しょうに、「　」(かぎ)を　二くみ　かきいれましょう。 8てん(一つ4)

ぼくは、先生に
おはようございます。
と　あいさつを　しました。
おはよう。
と　先生も　いいました。

こたえ

●ドリルや　ホームテストが　おわったら、こたえあわせを　しましょう。
●まちがって　いたら、その　ままに　しないで、かならず　やりなおしましょう。

1. はじめのべんきょう　1～2ページ

✪（しょうりゃく）

✪（しょうりゃく）

おうちの方へ

✪　線をきれいになぞることができましたか。点線は、文字の形を意識して作成しています。さまざまな動物を配して、子供たちが楽しく意欲的に絵を完成させることができるように設定しています。

　線をきれいに書くことで、文字を書く練習がよりスムーズにできます。文字を書くことは、今後の学びを深めるうえで必要不可欠なことです。点線に沿って、自由に鉛筆（えんぴつ）を動かすことができるように見守ってください。その際、視線の角度や、鉛筆を持つ手と、もう片方の手の位置を意識した正しい姿勢を保ち、しっかりと力の入った鉛筆の持ち方ができるようにご指導ください。

　さらに、本書では、文字練習が終わるまでを入門期と位置づけ、「おうちの方へ」を設けて、お子さまが学習を進めるうえでの留意点や学習のポイントを記しています。また、ページ末にひらがなの練習欄（らん）を設けています。

2. きほんのドリル　3ページ

✪ れい （みぎうえからとけいまわりに）くも、ききゅう、やま、きつね、ねずみ、はな、りす、てんとうむし、きのこ、はと、き、にじ

✪（しょうりゃく）

おうちの方へ

✪　ここから教科書に沿った学習に入ります。このドリルでは、16回までを入門期とし、ここまでで ひらがなの練習が一通り終わります。入門期は「きほんのドリル」のみで、いくつかの問題に取り組んだ後、「ひらがなの　れんしゅう」の欄で、文字の練習ができるようにしてあります。入門期では、問題の問いかけに慣れることに重点を置いています。点数はつけません。声に出して答えることから始めましょう。

　さて、この回では、春の野原にあるものの名前を声に出して言ってみましょう。「これは何かな」と会話しながら取り組むのもよいでしょう。また、「さあ　はじめよう」の文字を声に出して言ってみることで、これから楽しく勉強していこうという気持ちを高めていければよいでしょう。

3 きほんのドリル 4ページ

✪ れい 『一ねんせいに　なったら』……（○）

『ぐりと　ぐら』…………（○）

『おおかみと　七ひきの　こやぎ』…（○）

✪ みぎうえ れい　いってきます。

みぎなか れい　おはよう。

おはようございます。

みぎした れい　さようなら。

ひだりうえ れい　ありがとう。

ひだりした れい　ごめんなさい。

考え方

✪ 教科書では、他にもさまざまな本の表紙が紹介されています。今までに読んだ本や、これから読んでみたい本について、親子で話し合えるとよいですね。

✪ 時間やその場面にあったあいさつなどの言葉を学ぶことがねらいです。友だちどうしの「おはよう」と先生への「おはようございます」のように、相手によって言葉を使い分けることにも注意しましょう。

4 きほんのドリル 5ページ

✪ （しょうりゃく）

おうちの方へ

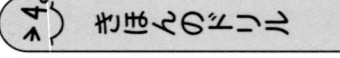

✪ いろいろな形の線を書くことに慣れましょう。文字を書く準備として、鉛筆の持ち方、書くときの姿勢に注意してください。

5 きほんのドリル 6ページ

✪ れい　いちねん

まえだゆうや

✪ れい　ごうる、ぼうる、とびばこ、まっと　あそんでみたい。

考え方

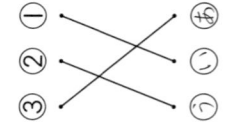

✪ 1行目に学年、2行目に自分の名前を書きます。まっすぐ、同じ大きさで書きましょう。ひらがなの学習が始まる前に自分の名前が書けるという自信をつけ、文字を書いてみたいという興味を伸ばしましょう。

6 きほんのドリル 7ページ

✪ （しょうりゃく）

✪ (1)うみ

(2)あかい

考え方

✪ いよいよ文字の練習に入ります。書き順に注意して、一筆で書くところは途中で切れないようにしましょう。

✪ 詩を何度も声に出して読んで、詩のリズムや、言葉のくり返しを楽しみましょう。また、この詩では、太陽をまるで人間のように表現しています。太陽の表情を想像しながら読みましょう。

7 きほんのドリル 8ページ

✪ ①—い　②—う　③—あ

✪ （うえから）あさがお・あひる／いるか・いす／うさぎ・うま／えんぴつ・えほん／おにぎり［おむすび］・おに

考え方

✪ 質問と答えの練習をしたあとは、友だちにその内容を伝えることができるようになるとよいでしょう。

✪ 絵を見て名前を言いながら、「あいうえお」の発音と、文字を結びつけることをねらいにしています。ここに出ている以外の[あ][い][う][え][お]で始まる言葉も挙げてみましょう。

8. きほんのドリル 9ページ

☆ (1)ふくろ
(2)くまさん
(3)りすさん

考え方

☆ (2)「　」の中の言葉は、くまさんの独り言ですが、初めて「　」が出てきます。人が話した言葉や、思ったことは「　」でくくって書くことを理解させましょう。

9. きほんのドリル 10ページ

☆ ㋑・㋓

☆ (みぎから)かぎ・まど

考え方

☆ 図書館はみんなが本を読むところなので、他の人のめいわくにならないように静かに行動しましょう。

☆ 濁音(だくおん)を勉強します。「゛」がつくだけで別の言葉になることを通して、清音と濁音のちがいについて意識させましょう。「まと」は「と」に「゛」をつけると「まど」というまったくちがった言葉になることに気付かせましょう。「゛」がマス目の右上にきちんと書かれているかどうかも確認(かくにん)しましょう。

10. きほんのドリル 11ページ

☆ ①きつねが ― ㋒はしる。
②さかなが ― ㋐およぐ。
③くまが ― ㋑たべる。

☆ ひまわりがさく。
からすはとぶ。
へびがねる。[へびはねる。]

11. きほんのドリル 12ページ

考え方

☆ 「何が」「どうする」という文を書く練習です。文の最後には、「。」を書くことを覚えましょう。「。」の入るマス目は四分割(ぶんかつ)されていますので、正しく右上に書けているかどうかも確認しましょう。

☆ ねっこ・まっくら

☆ (うえから)ばっと・らっこ・がっこう

考え方

☆ 促音(そくおん)を学習します。「ねこ」が「ねっこ」になるように、「っ」があると、別の言葉になることを通して、促音の意味を理解させましょう。
　また、「っ」はそれだけでは使えず、直前の文字といっしょに読みます。文字を書いた後、声に出して読んでみて、つまった音を確認しましょう。

12. きほんのドリル 13ページ

☆ (1) ― ㋑
(2) ― ㋐

考え方

☆ 相手に理由を話すとき、「どうしてかというと……（だ）から（です。）」という、理由を説明する言葉を使うとよいことを理解させましょう。
　ここでは二種類の例しか取り上げませんでしたが、教科書46～47ページの絵を見て、他の動物についても、「どうしてかと　いうと……（だ）から（です。）」を使って理由を説明する練習をしてみるとよいでしょう。

13 きほんのドリル　14ページ

☆ くうき・おばあさん

☆ （みぎから）おとうさん

おかあさん

おねえさん

おとうと

いもうと

考え方

☆ のばす音の書き方を学びます。「おとうさん」を「おとおさん」と書かないように注意しましょう。「お」と発音するものには、「こおり」「おおかみ」のように発音どおりに「お」と書くものと、「おとうさん」「おとうと」のように「う」と書くものがあるので、注意が必要です。

14 きほんのドリル　15〜16ページ

☆ (1)つりいと

(2)みのむし

(3)やかん

☆ （しょうりゃく）

☆ （しょうりゃく）

☆ （しょうりゃく）

☆ （しょうりゃく）

考え方

☆ 声に出して読みながら、詩のリズムや、言葉のおもしろさを味わいましょう。

☆ 「ひらがなの　ひょう」は、教科書52〜53ページに出ています。全部書けたか、まちがいはないか、一字一字確認しましょう。この時期のひらがなの学習では、文字がきちんと正確に書けることが大切です。あわてずに、じっくり取り組みましょう。「ひらがなのひょう」が完成したら、表を見ながら縦に読んだり、横に読んだりして、五十音表に親しみましょう。

15 きほんのドリル　17ページ

☆ (1)ねじれた

(2)あさがお

(3)まるい

考え方

☆ 初めて説明文を読みます。

(1)「さきが　ねじれた」が、どんなつぼみかをくわしく説明している部分です。

(2)次の文にも「これは」とあり、「あさがおの　つぼみです」と説明していることに注目しましょう。

(3)最後の一文から読み取りましょう。

16 きほんのドリル　18ページ

☆ おもちゃ・びょういん

☆ じてんしゃ

きょうりゅう

考え方

☆ 拗音の学習です。小さい「ゃ」「ゅ」「ょ」は、これだけでは使われず、直前にあるひらがなといっしょに一音節で読みます。マス目のどの場所に書くのかも確認しましょう。

17 きほんのドリル　19〜20ページ

1 ①㋑　②㋐

2 ①う　②お　③う

3 ①いぬ　②ねこ　③ねずみ

4 (1)たね

(2)「あまい　あまい　かぶに　なれ。

おおきな　おおきな　かぶに　なれ。」

「うんとこしょ、どっこいしょ。」

(3)㋐・㋔

(4)ぬこう

考え方

2 のばす音の「お」と「う」の使い分けに関する問題です。オ段の字をのばすとき、「お」を用いるものは、「とおい」「おおきい」「おおかみ」「とおり」「こおり」「とお」など限られているので、「この言葉はどちらかな」と一つずつ確認(かくにん)しておきましょう。

4 (2)「　」がついている部分が、おじいさんが話した言葉に当たります。二か所あることに注意しましょう。

(3)「あまい　あまい、おおきな　おおきな」かぶになりました、と書かれています。二回くり返していることから、とてもあまくて大きいことが分かります。

18. まとめのドリル　21～22ページ

1

①いろは ― ㋓

②においは ― ㋒

③かたちは ― ㋔

④おもさは ― ㋑

⑤さわった かんじは ― ㋐

2 〔みぎの　え(うえから)〕5・4・2

〔ひだりの　え(うえから)〕3・1・6

3 (1)(じゅんに)おじいさん・おばあさん・まご・いぬ・ねこ・ねずみ

(2)とうとう

(3)ぬけました。

考え方

1 ㋒の「あまずっぱい。」で迷ったかもしれません。これは、味とにおいの両方に使われる言葉です。色や重さなどを表す言葉についても、他にどんなものがあるのか考えましょう。

2 お話の流れはつかめているはずですから、まず、一番初めと終わりの場面の絵がどれかを探し、話の内容に合うように、順に番号を付けましょう。

3 (1)みんなでかけ声をかけながら、力を合わせて引っぱっている様子を想像しましょう。

(2)「とうとう」は、長い間かかって、「やっと」そうなる様子を表す言葉です。

おうちの方へ

★ 「おおきな　かぶ」は、おじいさんの大きなかぶを、次々に人物や動物が加わって抜(ぬ)くお話です。どんな順に人物や動物が増えていくか、確認しましょう。

19. きほんのドリル　23～24ページ

1 ①㋐　②㋑　③㋑　④㋐　⑤㋑

2 ①は・を　②は・へ　③は・を

3 ①ぼくは、およぐ　ことが　すきです。

②[れい]　わたしは、はしる　ことが　すきです。

4

わ	は、	で	う	い
た	う	す	た	か
し	た	。	う	ら
の	を	お	と	で
す	う	お	、	す
き	た	き	き	。
な	う	な	も	
こ	こ	こ	ち	
と	と	え	が	
		で	い	

考え方

1 ものの名前の後に付く「は・を・へ」は、読み方は「わ・お・え」と同じですが、書き方が変わることに注意しましょう。

4 「、」や「。」の位置に注意して、文をマス目に書く練習です。「、」や「。」、拗音(ようおん)や促音(そくおん)なども、一マスを使って書きましょう。

20. まとめのドリル　25～26ページ

1 ①は・へ　②を・へ
③へ・を　④は・を

2 ①え・へ　②は・わ
③お・を　④は・を

3 ①[れい] わたし
②[れい] はなすこと
③[れい] ともだちとはなす
④[れい] たのしい

4 [れい] どうして　たべる　ことが
すきなのですか。

考え方

3 自分の好きなことについて、自由に書いてみましょう。自分自身のことを考えながら書くことで、作文へとつながっていく学習です。何を書こうか迷っていたら、お子さまの好きなことなどを取り上げて、ヒントをあたえてあげるとよいでしょう。

21. きほんのドリル　27～28ページ

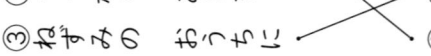

1 ①やまの　はたけを ― (う)
②うっかり　あしを ― (あ)
③ねずみの　おうちに ― (い)

2 (じゅんに)(う)・(い)・(あ)

3 [れい] もけらもけら

4 (1)むかし(　むかし)
(2)おむすび
(3)おむすび(　ひとつ)
(4)おじいさん
(5)はたけの　すみの　あなの　なか

考え方

2 「いつ」「だれと」「何を」に当たる言葉がどれなのかを、しっかりと区別しましょう。

3 教科書94～95ページでは、さまざまな本が紹介(しょうかい)されています。本の題名を書くだけで終わらず、どうしてその本を読みたいと思ったのかを、お子さまと話し合ってみましょう。

4 「おむすび　ころりん」のお話のきっかけとなる場面です。「いつ」「だれが」「どうしているときに」「どんなことが起こったのか」を整理しましょう。

(3)「つつみを　ひろげた」のはおじいさん、そのとたんに「ころりん　かけだした」のは「おむすび」です。

22. まとめのドリル　29～30ページ

1 [れい] きのう、ともだちとむしとりにいきました。そこで、せみをつかまえました。

2 (あ)・(う)

3 (1)(おれいの　)こづち
(2)おばあさん
(3)(じゅんに)おこめ・こばん
(4)(い)

考え方

1 日記の文章を書きます。「です」「ます」を使って、ていねいな文で書きましょう。

2 図書館はみんなが本を読むところなので、他の人のめいわくにならないよう、静かに行動しましょう。

3 おじいさんがねずみにこづちをもらって家へ帰った場面です。おじいさんとおばあさんの楽しそうな様子が伝わってきます。

(4)こづちを振(ふ)りながらおどっていたら、お米や小判といった宝がたくさん出てきたのですから、おどろきながらも喜んでいるおじいさんとおばあさんの姿

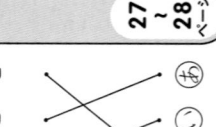

が想像できるでしょう。

23 なつやすみの ホームテスト　31〜32ページ

★1 ①ひよこ―㋒　②せっけん―㋑　③めだか―㋐

★2 たまねぎ　にんじん　じゃがいも

★3 ①おうさま　②こおり　③おおかみ　④どうろ

★4 ①ぼく~~わ~~（は）、あさ　はやく　おきました。
②おみせで、えんぴつ~~お~~（を）　かいました。
③あしたも　がっこう~~え~~（へ）　いきます。
④きょ~~お~~（う）も、よい　てんきです。
⑤ふうとうに　き~~つ~~（っ）てを　はります。

考え方

★1 ③「だ」の濁点（だくてん）の位置が正しいかどうかも、しっかり確認（かくにん）しましょう。

★3 のばす音の「う」と「お」は、書く際に非常にまちがえやすい文字です。たとえば「こうちゃ」「どうぶつ」「おおきい」など、日ごろからどちらを使えばよいかお子さまに問いかけ、使い分けが身につくようにしましょう。

24 きほんのドリル　33〜34ページ

1 ①こうさくきょうしつに―㋒　②きで　ふねを―㋑　③みずに　うかべて―㋐

2 れい　あり・あめ・たこ・はち・こま・いちご・ごりら・らくだ・めだか・りす

3 (1)一
(2)㋐
(3)ぼく・わたし

考え方

1 上の言葉に合う言葉を下から見つけ、文を作る問題です。できた文は声に出して読んでみて、意味がつながっているかを確認しましょう。

2 れいに挙げた言葉に限らず、表の中にある言葉は全て正解です。

3 「いちねんせいの　うた」は、中川李枝子（りえこ）さんの詩です。様子を想像しながら、声に出して読みましょう。
(1)7行目に「いちねんせいの　一」とあるので、漢字の「一」を書いたのです。

25 きほんのドリル　35〜36ページ

1 (うえから)木・あおむし

2 ①―みえます。　②―きこえます。　③―たべて　います。

3 ①ゼリー　②サラダ　③スプーン

4 (1)さんびき
(2)は[はっぱ]
(3)さんびきめ
(4)㋑

考え方

1 こかぜさちさんの「やくそく」を読みます。お話を思い出しながら、絵をヒントに答えましょう。

2 お話の内容に合うように上と下を線で結びます。

4 (1)「いっぴきめ」「にひきめ」「さんびきめ」とあることから、あおむしは三匹（びき）いることが分かります。
(2)「はを　たべて　います」とあります。
(4)三匹のあおむしが、同じ木で葉を食べながら言っていることから考えます。

26 まとめのドリル 37～38ページ

1 ①ラーメン ②ランドセル ③チューリップ

2 ①カップ ②レモン ③プリン ④ジャム ⑤ジュース

3 (1)「ぼくら、こんなに ひろい とこ ろに いたんだね。」
(2)(おおきな)木
(3)いちばん たかい えだ
(4)い

考え方

1 かたかなの練習をします。ひらがなでは、のばす音は「あ・い・う・え・お」を使って書きますが、かたかなでは「ー」を使うことに注意しましょう。

3 (2)「うるさいぞ。」と言ったのと同じ「おおきな 木」です。
(3)「いちばん たかい えだに つく と」とあることに注目します。

27 きほんのドリル 39～40ページ

1 ①おお ②ちい

2 ① ―― かくれます。
② ―― かくします。

3 (1)①ひと ②いち
(2)①ふた ②に
(3)①みっ ②さん
(4)①よっ ②よん

4 (1)すな
(2)あ・え
(3)うみの そこ
(4)からだの いろ

考え方

1 漢字の練習が始まります。漢字にはいろいろな読み方があるので、送りがななどに注意して、正しい読み方を書きましょう。

3 数を表す漢字の読み方です。漢字の読み方のちがいに注意し、いろいろな数え方を確認(かくにん)しておきましょう。

4 説明文を読みます。さまざまな海の動物のかくれ方について、整理しながら読みましょう。
(1)はまぐりについては最初のまとまりに、たこについては二つめのまとまりに書かれています。
(2)「大きくて つよい あし」と書かれています。
(4)たこは、周囲の色に合わせて自分の体の色を変えることができるのです。

28 まとめのドリル 41～42ページ

1 ①すな ②うみ

2 ①大 ②小

3 ①あ ②い

4 ①二 ②三 ③四 ④五

5 ①二わ ②三さつ ③四にん

考え方

5 数えるものによって、数える言葉(助数詞)がちがうことを確認しましょう。機械類は「台(だい)」、鳥は「羽(わ)」、本やノートは「冊(さつ)」、人は「人(にん)」です。ほかにも、犬やねこを数える「匹(ひき)」や、鉛筆(えんぴつ)やペンを数える「本(ほん)」、紙などを数える「枚(まい)」なども覚えておきましょう。

29 きほんのドリル 43～44ページ

1 ①こ ②てん ③おとこ ④あお

2 ① ―― い あらわれる。
② ―― あ かける。
③ ―― う とびのる。

3 ①わ→は ②お→を

4 (1)四

(2)くも
(3)㋐・㋒

考え方

2　②の「ごうれい（号令）」は、多くの人に何かをするように命令することです。

3　ものの名前の後に付く「は・を・へ」は、「わ・お・え」と読みますが、書き方が通常と変わります。

4　(2)くじらは雲でできていたのです。
(3)くじらは、子供たちのまねばかりしています。

30. まとめのドリル　45～46ページ

1　きの~~お~~う、わたし~~わ~~は　ともだちと　こうて~~え~~いで　なわとび~~お~~を　しました。ともだち~~わ~~は、にじゅうとび~~お~~を　じょ~~お~~うずに　とびました。
「わたしも　かえ~~つ~~ったら　れんし~~ゆ~~ゅう　しよう。」
と　おもいながら、いえ~~え~~へ　かえりました。

2　①㋐　②㋑

3　(1)「さあ、およぐぞ。」
「では、かえろう。」
(2)うみ・むら・まち（順序なし）
(3)㋒

考え方

1　のばす音や「は・を・へ」という、文を作るときに必要なひらがながしっかり書けているか、小さい「っ」や「ゃ・ゅ・ょ」の役割を理解できているかを確認するものです。ものの名前のあとにつく「は・を・へ」は読み方が「わ・お・え」と同じでまちがえやすいので、特に注意しましょう。

3　くじらぐもが、子供たちをのせて、元気いっぱいに空を泳ぎ回る場面です。
(1)言った言葉には「　」がついています。「おや、もう　おひるだ。」は先生の言葉なので注意しましょう。
(2)「うみの　ほうへ、むらの　ほうへ、まちの　ほうへ。」とあります。
(3)先生は、腕（うで）時計を見ておどろいています。

おうちの方へ

★　「くじらぐも」は、雲のくじらに乗って、空を渡（わた）る楽しいお話です。一年二組の子供の一人になったつもりで読みましょう。どんな出来事がどのような順に起こっているかもしっかり読み取りましょう。

31. きほんのドリル　47～48ページ

1　①㋑　②㋐　③㋔　④㋒　⑤㋓

2　①かわ　②みず

3　①ごつんと ― ㋑
②どしんと ― ㋒
③ぽんと ― ㋐

4　日がしずんで月がでた。山のふもとの田んぼでは、かえるが山のむこうの川のことをかんがえていた。

考え方

1　それぞれ、「形」「色」「食べる動き」「さわった感じ」「長さ」に合う言葉を選びましょう。

3　物音などを文字で表した言葉について学びます。いろいろな場合について、どんな文字で表したらよいか、考えてみましょう。

4 「日」や「山」などの漢字は、もともとは実物を絵でかいて表していたのを、簡略化して作られた「象形文字」です。また、「上」や「下」などの漢字は、絵にしづらいものを記号によって表した「指事文字」です。

32. まとめのドリル 49〜50ページ

1 (1)うさぎ
(2)こうえん
(3)[け]まっしろ[しろいろ]
[め]あか(いろ)

2 ①見 ②学校 ③生 ④先

3 ①山 ②竹 ③水 ④雨 ⑤上 ⑥下

4 (1)なま
(2)まきがみ
(3)ひょこ

考え方

1 (1)初めの一文に注目しましょう。「ぴょんた」はうさぎであることが書かれています。
(3)「けは、まっしろ」「めは、あかくて」と書かれていることに注目します。「あかくて」は、「あか」または「あかいろ」にしましょう。

3 絵を見て漢字が思いうかんだでしょうか。書き順についても正しく書けたかを確認（かくにん）しましょう。

4 早口言葉は、同じような言葉をくり返して言いまちがいを誘（さそ）うものが多く、今回挙げた早口言葉でも、同じ言葉がくり返されています。まちがえやすい部分を意識して読んでみましょう。

33. きほんのドリル 51〜52ページ

1 ①しゃ ②ひと

2 (①〜③それぞれ[なまえ][しごと]のじゅんに)
①㋒・㋔ ②㋐・㋓ ③㋑・㋕

3 ①ロケット ②クラッカー

4 (1)(みぎから)しごと・つくり
(2)人を　のせて　はこぶ　しごと。
(3)大きな　まど。

考え方

2 絵と車の名前を結びつけ、どんな仕事をしている車なのかを確認しましょう。

3 ②「くらっかあ」ののばす「あ」は、かたかなでは「ー」と書きます。

4 (2)バスや乗用車は、人を乗せてはこぶ仕事をしています。
(3)車に乗った人が外の景色を見やすいように、「大きな まどが たくさん」あるのです。

34. まとめのドリル 53〜54ページ

1 ①ニュース ②ヘルメット
③チョコレート

2 ①カメラ ②ラッパ ③パンダ
④ダンス ⑤スケート ⑥トラック
⑦クッキー

3 (1)れい おもい　ものを　つり上げるしごと。
(2)①㋐ ②㋑
(3)㋐

考え方

1 のばす音や小さい字に注意して書きましょう。

3 (2)「うで」「あし」という言い方は、分かりやすいように付けてある呼び名です。それらがクレーン車のどの部分に当たるのか絵で確認しましょう。まちがえたときは、人の体で考えてみると分かりやすいでしょう。「うで」は、荷物をさげたり、かかえたりします。「あし」は体をささえるはたらきをします。クレーン車の「うで」と「あし」も、同じ役割をもっているのです。

35. きほんのドリル　55～56ページ

1

たぬきが、

「きつねさん、きみのすきなたべものはなんだい。」

とききました。

「あぶらあげさ。」

と、きつねはこたえました。

2 ①おと　②たま　③むら　④しろ

3 (1)たぬき
(2)糸車
(3)しょうじ
(4)㋒

考え方

1　言った言葉には、初めと終わりにかぎ（「」）をつけます。かぎの位置に注意して書きましょう。

3　物語の舞台(ぶたい)になっている場所や、登場人物を押(お)さえましょう。
(4)「ふきだす」は、ぷっと笑ってしまうことを表します。

36. まとめのドリル　57～58ページ

1 れい
(みぎから)

「おたんじょう日、おめでとう。」

「ありがとう。」

いっしょに　ケーキを　たべました。

2 (1)①村　②山おくの　こや。
(2)㋑

考え方

1　絵の状況(じょうきょう)を想像して、お話を完成させる問題です。あらかじめ書かれた文章とつながっているか、「」は正しく書かれているか、に注意しましょう。

2 (1)きこりの夫婦は、寒い冬の間は村に住んでいて、春が来ると山奥(やまおく)の小屋に戻(もど)っていくのです。
(2)家の中が、おかみさんが思っていたのとちがう様子だったために、おどろいたのです。

おうちの方へ

★　「たぬきの糸車」は、たぬきがどんなことをしたか、そのときの様子を思いうかべながら読みましょう。たぬきの行動の意味やおかみさんの気持ちなどを想像すると、より理解が深まります。

37. きほんのドリル　59～60ページ

1 ①ついたち　②ふつか　③みっか
④よっか　⑤いつか　⑥むいか
⑦なのか　⑧ようか　⑨ここのか
⑩とおか　⑪はつか

2 ①しょうがつ・はな　②やす・あま
③だい・むし　④すい・みず
⑤もく・き　⑥ど・つち

3 (みぎから　じゅんに)1・2・4・3

考え方

2　④～⑥は曜日の漢字について、二つの読み方を確認(かくにん)する問題です。漢字の前後をしっかりと確かめて、どのように読めばよいかを考えましょう。

38. きほんのドリル　61～62ページ

1 ①ほん　②もり　③で　④なか
⑤まち　⑥はい

2 ㋑・㋒・㋔(順序なし)

3 (1)女の子・おばあさん(順序なし)

(2)おばあさん
(3)のいちご［たべもの］
(4)おばあさん
(5)「のいちごを　さがして　いるの。」
おかあさんと　いっしょに　たべようと　おもって。」

考え方
3 (1)(2)森に行った女の子は、おばあさんと会いました。出てくるのは、この二人です。女の子の会話文の中に「おかあさん」とありますが、話題になっただけで、この場面に直接登場していないので、登場人物には数えません。
(3)「のいちごを　さがして　いるの。」と女の子が言っています。

39 まとめのドリル　63～64ページ

1 ①正月　②花　③大　④火　⑤休　⑥虫　⑦金　⑧土　⑨出　⑩森　⑪町　⑫入

2 (1)おかゆ
(2)おかあさん
(3)い
(4)［れい］いつも　じゅもんを　いう　のは　女の子の　やくめだったから。

考え方
2 お母さんが一人でおなべのおかゆを食べる場面です。
いつもおなべにじゅもんを言うのは女の子の役目だったので、お母さんは始めるためのじゅもんは知っていても、止めるためのじゅもんは知らなかったのです。

40 ふゆやすみのホームテスト　65～66ページ

☆1 ①やま　②ただ　③つき　④ひ　⑤した　⑥き

☆2 ①空　②車　③学校　④水　⑤見　⑥青

☆3 ①竹やぶに、雨が　ふって　いる。
②川の　そばに、田んぼが　ある。

☆4 ①ヨット　②コップ　③トマト　④ピアノ　⑤マラソン

考え方
☆3 ①「雨」の漢字は、中の「、」の向きに注意しましょう。
☆4 ①②の「ッ」は正しく書けていたでしょうか。また、⑤の「ソ」と「ン」は形が似ているので注意しましょう。

41 きほんのドリル　67～68ページ

1 ①—い　②—あ　③—う

2 ①やさい　②くるま　③あした

3 (1)かたつむり（　でんきち）
(2)（はやく　）はしる（。）
(3)うれしい
(4)リボン

考え方
1 友だちにどのような質問をすると、どのような答えが返ってくるかを理解しましょう。
3 工藤直子（くどうなおこ）さんの詩は、生き物や自然現象の視点から書かれているところにおもしろさがあります。そのおもしろさを味わいながら、それぞれの詩の内容を読み取りましょう。

42. きほんのドリル　69～70ページ

1 ①う　②くち　③みみ　④おう
⑤あか　⑥いちねん

2 ①立　②草

3 ①な　②ゆう　③ひゃく　④せんえん

4 (1)くわえて
(2)二か月
(3)ⓘ

考え方

4 　この作品には、ライオンとしまうまの赤ちゃんが出てきます。それぞれのちがいについて、「歩くまでの期間」「お母さんにおちちをもらう期間」「自分でえさをとるようになるまでの期間」などに分けて、整理しながら読みましょう。ライオンの赤ちゃんは、しまうまの赤ちゃんとくらべると敵におそわれる危険が少ないため、ひとり立ちするまでの期間が長いのです。

43. まとめのドリル　71～72ページ

1 (1)りんご・みかん・バナナ(順序なし)
(2)くだもの
(3)さかな

2 (1)ⓐ
(2)にげる
(3)七

考え方

1 　ものの名前には二種類あることを学びます。一つは「りんご、ぶどう」や「ライオン、うさぎ」などの「一つ一つの名まえ」、もう一つは、それらを「まとめて　つけた　名まえ」で、「くだもの」、「動物」などに当たります。

2 (2)しまうまの赤ちゃんは、生まれた次の日には「はしる」ことができるようになっているので、おそわれたら走って「にげる」ことができるのです。

44. きほんのドリル　73～74ページ

1 ①パン　②シーツ

2 ①いか　②パン　②ぞう

3 (1)はさみ
(2)(ゆうびん)ポスト

4 ①ア　②マ　③ク　④ワ　⑤コ　⑥ユ

5 ①ミシン　②シーソー

6 ⓐ・ⓤ

考え方

1 ②「シ」と「ツ」は形が似ているので注意しましょう。

4 　形の似ているかたかなは、書きまちがいが多いので注意が必要です。書きはじめの位置や向き、長さに注意して書きましょう。

5 　「シ」と「ツ」、「ン」と「ソ」は形が似ているので注意して書きましょう。

45. きほんのドリル　75～76ページ

1 ①いぬ　②はや　③とし　④のぼ

2 ①ⓘ　②ⓐ

3 ①ⓐ　②ⓐ　③ⓐ　④ⓘ

4 (1)すばらしい
(2)エルフ
(3)ⓤ
(4)にいさん・いもうと(順序なし)

考え方

2 　教科書の中には、普段(ふだん)の会話では使わないような言葉がいろいろ出てきます。辞典の使い方はまだ学習しませんが、お子さまといっしょに引いてみて、分からない言葉は自分で調べる習慣を付けていきましょう。

4 (2)「ぼくたち」とは、「ぼく」と「エルフ」のことです。

(4)「にいさんや いもうとも、エルフのことが 大すきだった。」とあります。

46 まとめのドリル　77〜78ページ

1 (1)①名 ②夕 (2)①石 ②右 (3)①大 ②犬 (4)①土 ②上

2 ①早→草 ②字→学 ③人→入

3 (1)エルフが、しんで いた。

(2)ⓘ

(3)ずうっと、大すきだよ。

考え方

3 エルフが死んだときの場面です。

(2)(3)エルフが死んでしまったのはとても悲しいけれど、毎晩エルフに「ずうっと、大すきだよ。」と言ってやっていたから、泣いていたみんなより、少しは気持ちが楽だったと、「ぼく」は思っているのです。

おうちの方へ

★「ずうっと、ずっと、大すきだよ」は、「ぼく」とエルフのかけがえのない日々とエルフの死について、思い出す形式で書かれています。「ぼく」とエルフの深い交流を読み取りましょう。

47 きほんのドリル　79〜80ページ

1 (1)なわとび

(2)うれしかった(です。)

2 (右から じゅんに)1・3・4・2

3 ①入 ②学 ③力 ④出

4 (1)これは、六月のうんどうかいのときのしゃしんです。

(2)さいごまで、いっしょうけんめいはしったら、一ばんになりました。

(3)おかあさんが、「よくがんばったね。」といって、ほめてくれました。

考え方

1 一年生で、どんないいことがあったかについて書いた作文です。一年間をふり返り、一年生でがんばったことや、二年生でがんばりたいことについて、親子で話し合ってみましょう。

4 指定された数の「、」「。」や「」を書きましょう。「、」は文の中で意味が切れていたり、区切って読みたいところに書き、「。」は文の最後に書きます。「」は、会話の前後につけましょう。

48 学年まつの ホームテスト　81〜82ページ

★1 ①はや ②まち ③た ④もじ ⑤う ⑥ひだり

★2 ①天気 ②右手 ③白 ④百円玉 ⑤学校・入

★3 ①ⓔ ②ⓐ ③ⓤ

★4 四にん

★5 ぼくは、先生に

「おはようございます。」

と あいさつを しました。

「おはよう。」

と 先生も いいました。

考え方

★4 数えるものによって、数え方がちがうことに注意しましょう。答えは「四にん」と書きましょう。

★5 話し言葉には「」を付けます。ぼくと、先生の会話文に「」が付いているか確認しましょう。